Prise au piège

Histoire vécue

ANNIE ROBERT

Éditions Verge d'Or

Prise au piège : Histoire vécue
Par : Annie Robert
arobert1820@gmail.com

Tous droits de traduction et d'adaptation réservés; toute reproduction d'un extrait quelconque de ce livre par quelque procédé que ce soit, et notamment par photocopie, microfilm ou numérisation est strictement interdite sans l'autorisation écrite de l'auteure et de l'éditeur. La reproduction sans autorisation de cette publication sera considérée comme une violation du droit d'auteur.

Copyright © 2017, Éditions Verge-d'Or

11, chemin des Cyprès
Sainte-Anne-des-Lacs, Québec J0R 1B0
Canada
info@editions-verge-dor.com

Tous droits réservés

Dépôt légal : 4e trimestre 2017
Bibliothèque et Archives nationales du Québec
Bibliothèque et Archives Canada

ISBN : 978-2-924818-05-3

NOTE DE L'AUTEURE

Les noms des personnes et des lieux ont été changés.

A.R.

REMERCIEMENTS

Je remercie Christine pour avoir eu le courage de partager son histoire avec nous.

PROLOGUE

Secrétaire dans une PME, Christine était plutôt blasée de son travail. Elle vivait depuis sept ans avec François dans un appartement situé dans un quartier tranquille de Montréal. Depuis quatre ou cinq ans, elle suivait des cours du soir variés pour cultiver ses goûts artistiques et autres. François était un universitaire très intellectuel. Il ne s'entourait que d'intellos. Les amis qui venaient chez eux étaient les amis de François. Christine voyait ses amies lors de sorties au cinéma ou au restaurant. La plupart provenait de son milieu de travail Une fois, elle avait amené à la maison son amie d'enfance, Micheline, mais François, dès son départ, avait donné ses commentaires désobligeants sur elle. Ce qui eut comme conséquence que Christine n'eut plus le goût d'amener ses amies chez elle.

Christine était une personne plutôt gaie, mais elle se cherchait. Elle n'était pas satisfaite de sa vie. Sa relation avec François s'était refroidie au cours des dernières années. Ils ne faisaient plus l'amour très souvent.

Christine aimait lire et s'instruire. Elle était très attirée par des livres de développement personnel et lisait tout ce qui lui tombait sous la main. Elle remettait sans cesse sa vie en question. Il y avait maintenant un peu plus d'un an qu'elle avait perdu son père. Elle avait été très anéantie par cette perte. Son père avait été si important pour elle, comme pour la plupart des petites filles. Ses sœurs lui avaient avoué qu'elles avaient remarqué qu'elle était sa préférée. Son deuil avait été difficile à la suite de quoi, elle se sentit un peu perdue et insécure.

Christine avait souvent l'impression que François la prenait pour sa mère et l'aimait comme on aime une mère. Quant à elle qui avait tant besoin de sécurité, elle n'en trouvait guère auprès de lui. La mère de François et lui-même, enfant, étaient battus par son père. François, adolescent, avait été interné quelques temps puis il s'en était remis. La vie avait repris son cours mais il détestait tellement son père.

Christine avait voyagé à quelques reprises en Europe, au Canada et dans le Sud, au Mexique et dans les Antilles. Elle était rêveuse et aspirait à devenir peintre ou à guérir les gens par le biais des médecines douces, mais elle n'était pas prête à passer à l'action pour changer sa vie et réaliser ses aspirations.

LE RECRUTEMENT

Une pigiste en secrétariat est entrée sur une base temporaire pour aider des secrétaires à la compagnie où travaillait Christine. Elle s'appelait Carole. Elle était très attirante, très souriante et sexy. Tous les hommes l'aimaient. Elle se présenta à Christine qui, elle aussi, fut sous son charme.

Carole allait dîner au restaurant assez régulièrement avec Christine. Elle lui racontait combien ses affaires allaient bien. Elle était pigiste et faisait du placement de personnel de bureau. Elle parlait de son ami Marc, qui faisait du développement personnel et entraînait des gens à réussir en affaires et à faire de l'argent.

Christine était plutôt curieuse au début, puis elle s'intéressa plus sérieusement à ce que lui racontait

Carole. Celle-ci finit par la convaincre de s'inscrire à un premier niveau d'entraînement donné par Marc sur des cassettes enregistrées. Il y avait aussi un manuel d'exercices à compléter. Le nom de l'entreprise sonnait plutôt métaphysique et Christine s'y inscrivit et paya les frais qui étaient de quelques centaines de dollars, sans trop poser de questions.

Puis Carole, avec tout son dynamisme, continua à parler d'un entraînement privé que Christine pouvait suivre avec Marc. Les coûts étaient élevés, mais cela en valait la peine. Carole mettait beaucoup de mystère autour de Marc et en parlait avec admiration. Elle n'hésitait pas à affirmer qu'il l'avait aidée à faire beaucoup d'argent, elle et bien d'autres et que lui-même avait eu une dizaine de compagnies. Elle proposa à Christine une première rencontre avec Marc pour discuter de l'entraînement en lui mentionnant qu'il sélectionnait ses clients et ne prenait pas n'importe qui. Christine décida de le rencontrer même si son amie d'enfance, Micheline, la mit en garde en lui demandant de faire des vérifications. Christine était allée voir à l'adresse indiquée sur la facture et il y avait là une maison à logement sans affiche extérieure.

PREMIÈRE RENCONTRE ET DÉBUT DE L'ENTRAÎNEMENT

Dans un restaurant, Carole présenta Marc à Christine. Marc était complètement vêtu de cuir noir : veston et pantalon. Il était blond, taille et poids moyen. La première émotion qu'avait ressentie Christine au premier coup d'oeil était la peur. Marc avait beaucoup de magnétisme avec un visage pas particulièrement beau et que l'on n'oublie pas facilement. Elle s'assit tout de même avec lui et Carole les laissa. Elle reviendrait les rejoindre une heure plus tard.

Marc expliqua ensuite à Christine en quoi consistait l'entraînement tout en l'observant jusqu'à la rendre mal à l'aise. Il lui demanda ce qu'elle voulait. Christine lui fit part de son désir de réussir comme artiste-peintre.

Marc la fit rêver et réussit à la convaincre qu'elle pouvait devenir populaire et vendre plusieurs toiles. Il lui dit qu'il lui montrerait à maîtriser la peinture. Il commença à lui expliquer différents concepts et à lui poser des questions pour mieux la connaître. Il lui dit que l'entraînement coûtait cher mais qu'il commencerait tout de même à l'entraîner sans frais.

Il invita Christine à y penser et Carole la recontacterait pour avoir sa réponse. Ils étaient si positifs et dynamiques qu'elle se sentit vraiment bien en leur présence. Christine les laissa, impressionnée par tout ce que lui avait dit Marc.

Peu de temps après, Christine prit la décision d'aller de l'avant avec Marc. Elle le rencontra une ou deux fois par semaine pendant quelques mois. Marc lui fit comprendre sa philosophie et ses concepts. Il la questionna et la fit réfléchir sur ses croyances et lui implanta d'autres croyances sur la réussite, la richesse, et sur l'attitude à adopter. En fait, il la programmait. Il lui dit qu'il travaillait selon l'échelle des tons émotionnels de la Scientologie (L. Ron Hubbard) et prônait la maîtrise de soi.

Puis, plus concrètement, il l'amena voir de très beaux meubles dans des magasins, manger dans des bons restaurants. Et un beau jour, il réussit à la convaincre de changer drastiquement sa coiffure et sa garde-robe.

Tout le monde aima le nouveau look de Christine sauf François qui commençait à se poser des questions, car Christine ne cessait de parler de Marc et de Carole, en bien évidemment. Et cela l'agaçait. Christine lui racontait un peu en quoi consistait son entraînement, mais sans tout dire car Marc lui avait demandé de garder l'entraînement privé. Il avait aussi demandé à Christine de lui envoyer des gens qui souhaiteraient se faire entraîner. Christine devait les référer à Carole et celle-ci ferait la première rencontre avec eux.

Au fil des semaines, Christine se rendait bien compte qu'elle changeait. Elle était plus dynamique et avait plus d'impact sur les gens. Marc donnait souvent l'exemple de Carole pour motiver Christine à changer et s'impliquer. Carole était très bien habillée. Elle portait un manteau de cuir avec de la fourrure très original et des bottes très spéciales.

Christine était captivée par le secret et le mystère autour de cet entraînement. Cela avait un impact sur elle.

Elle commençait sérieusement à voir un fossé se creuser entre François et elle. Elle constata qu'ils n'avaient plus les mêmes goûts. Christine demanda à Marc s'il pouvait entraîner François. Marc hésita et lui dit que ça lui coûterait cher.

Christine en avait parlé à François et ce dernier, curieux, accepta de rencontrer Marc.

Après quelques rencontres avec François, Marc constata que François était prêt à aller plus loin. Il lui demanda 18 000 $ pour son entraînement. François fit un prêt à sa tante pour presque toute la somme moyennant des intérêts et remit cette somme à Marc.

Au prochain rendez-vous avec François, Marc et Carole arrivèrent avec une voiture de luxe usagée mais en très bonne condition et lui montra ce qu'il avait acheté avec l'argent de François. Il était maintenant question de changer l'ameublement de l'appartement de Christine et François. Marc fixa un budget de 3 000 $, somme que Christine obtint en empruntant sur sa police d'assurance. Marc et Carole magasinèrent les nouveaux meubles et les montrèrent en magasin à Christine et François. Tous les deux furent très contents des choix faits par Marc et Carole.

En fait, Marc les faisaient s'endetter en leur faisant faire des prêts qu'ils n'auraient jamais osé faire d'eux-mêmes.

Tout allait très vite. Les quatre se rencontraient au restaurant à l'occasion et Marc continuait de plus belle avec ses projets. Cependant, il continuait l'entraînement de Christine et de François, séparément.

L'ATTACHEMENT, DÉVELOPPEMENT DE L'EMPRISE

Marc, lors de ses rencontres d'entraînement avec Christine, développa une proximité avec elle. Il lui parlait de sexe, lui disait qu'elle était belle et qu'il avait envie d'elle. Le sexe commença à faire partie de leurs rencontres. Christine fut très mal à l'aise et se sentait coupable par rapport à François, mais Marc insista tellement qu'elle finit par lui faire le sexe oral dans la toilette publique d'un bar où ils allaient régulièrement.

Christine ne s'était jamais sentie désirée à ce point et toute l'attention de Marc était tournée vers elle. Elle n'avait rien expérimenté de semblable. Marc s'intéressait vraiment à tout ce qui concernait Christine. Elle finit par tomber amoureuse de lui. Et lui jouait le jeu. Christine lui demanda s'il couchait avec toutes les filles qu'il entraînait. Il lui répondit bien sûr que non. Elle lui demanda si Carole le savait. Il lui répondit que non. Par contre, jamais Marc lui dit qu'il était amoureux d'elle.

Puis l'entraînement devint à 80% une histoire de sexe, pour un temps. Au cours de leurs conversations, Marc avait demandé à Christine quels étaient ses fantasmes. Christine avait eu le malheur de lui dire qu'il arrivait qu'elle s'imaginait en train de faire l'amour avec une femme. Marc fut très content de cette révélation.

Il s'appropria Christine au moyen du sexe, des concepts qu'il lui expliquait et de sa philosophie. Christine était bien avec lui et se sentait en sécurité. En fait, Marc avait remplacé le père de Christine et plus tard, elle comprit qu'il avait agi sciemment. Il savait très bien ce qu'il faisait. Christine l'admirait vraiment beaucoup. De plus, elle avait toujours été assez ouverte pour tenter des expériences. Et là, elle fut gâtée.

Christine et François se parlaient de leur entraînement mais sans rentrer dans les détails. Et Marc avait avoué à Christine que François n'était pas très ouvert, qu'il avait des œillères et qu'il remettait en question ce qu'il lui disait.

Marc disait à Christine qu'elle devait quitter ses racines pour devenir meilleure et réussir. Il lui proposa d'aller vivre avec lui et Carole. Christine se rebiffa. Il n'en était pas question. Elle était avec François et le resterait. Mais de rencontre en rencontre, Marc lui fit comprendre qu'elle n'avait pas le choix si elle voulait réussir et qu'à plusieurs, c'était plus facile de faire de l'argent et de se payer des belles choses. Christine lui dit qu'elle ne laisserait pas François et que si elle allait vivre avec eux, François irait avec elle.

Marc et Carole rencontrèrent Christine et François et Marc leur parla de son intention de créer une secte. D'ailleurs, il leur avait déjà raconté qu'il avait déjà habité dans une commune et qu'il s'inspirait des concepts de l'Église de Scientologie pour faire ses entraînements.

Dans les faits, Marc n'avait aucunement l'intention de continuer l'entraînement de François car il voulait qu'uniquement Christine aille vivre avec lui et Carole et éventuellement d'autres personnes recrutées. Mais il trouvait François nuisible et trop récalcitrant.

Puis, lors d'une rencontre avec Christine, Marc revint sur son fantasme et lui proposa de faire l'amour à trois avec Carole. Malgré sa curiosité, Christine lui répondit que non. Puis Marc répéta ses demandes et faisaient des réunions à trois pour créer plus de complicité entre Christine et Carole.

Marc « travaillait » aussi Carole dans ce but.

Finalement, les trois se rencontrèrent dans une chambre d'hôtel pour faire l'expérience. Christine fut prise au piège sans le savoir. Marc et Carole avaient toute une emprise sur elle. Elle s'était tissée au moyen d'endoctrinement, de programmation et de sexe. Marc était un manipulateur-né et se servait beaucoup du sexe pour recruter et attacher sa proie.

Il demanda à Christine de lui trouver 7 000 $. Christine ramassa cette somme en faisant deux emprunts avec intérêts, l'un à un membre de sa famille et l'autre à un ami de François qui l'aimait bien.

Puis au cours des autres rencontres dont plusieurs étaient axées sur le sexe, il finit par la convaincre qu'elle n'avancerait à rien avec François et qu'elle ne pouvait pas continuer son entraînement si elle ne le laissait pas pour venir vivre avec lui et Carole.

Carole, quant à elle, s'était montrée très séduisante avec François dans le but de lui faire prendre ses distances avec Christine. Marc disait à François que Christine n'était pas pour lui. Puis, Marc avisa François qu'il ne l'entraînerait plus. Il savait maintenant qu'il avait main haute sur Christine. Il donna encore plus d'attention et de sexe à Christine pour l'inciter à quitter François.

À ce stade, il était impensable pour Christine de laisser son entraînement, Marc et Carole. Elle se sentait trop bien, se sentait aimée, avait beaucoup d'attention et cela lui donnait davantage confiance. Et rien n'était plus pareil avec François.

LA RUPTURE

Après avoir vérifié si Carole désirait également que Christine aille vivre avec eux, fait que Marc lui confirma, Christine annonça à François qu'elle allait vivre avec Marc et Carole. Évidemment, François n'était pas au courant qu'ils avaient des relations sexuelles ensemble. Elle dit à François qu'elle reviendrait si ça n'allait pas. François aimait beaucoup Christine et espérait qu'elle lui revienne. Il pleurait souvent lorsqu'ils en parlaient. François ne voulait le dire à personne de ses amis ni à leurs familles. Il attendait de voir. Peut-être que Christine reviendrait. Christine respecta sa demande. Elle était tout de même très déchirée car elle aimait encore François et ne voulait pas lui faire de peine. Elle espérait qu'il la comprendrait. Mais ce ne fut pas le cas.

Fixé depuis un bon moment, le jour du déménagement arriva et le tout se fit sans grabuge. François et Christine s'embrassèrent et le camion de déménagement avec les effets de Christine quitta l'appartement de François.

Marc avait défendu à Christine de donner l'adresse où elle s'en allait. Personne ne devait la connaître. Mais François suivit le camion et sut où elle s'en allait.

PHILOSOPHIE

Marc était très sûr de lui et convaincu qu'il savait tout. C'était un homme très énergique, intelligent, dominateur et très enjôleur. Il passait son temps à faire des stratégies et des plans pour obtenir ce qu'il voulait. Tout était toujours calculé.

Il avait déjà vécu pendant quelques années dans une secte et l'avait quittée parce qu'il ne s'entendait pas avec le soi-disant chef. Il s'inspirait maintenant des mêmes croyances et valeurs pour développer un style de vie communautaire complètement axé sur la prospérité, à tout prix. L'idée de vivre à plusieurs leur permettrait de s'enrichir et de se payer des biens de luxe. Et plus nombreux ils seraient, plus prospères ils deviendraient. En tout cas, c'est ce qu'il avait fait croire à Christine et c'était logique, mais cela s'est révélé très complexe. En plus de la prospérité, sa philosophie de vie était axée sur les plaisirs gastronomiques et sexuels.

Bien sûr, Marc créait une structure qu'il pouvait contrôler avec l'aide de Carole. Il avait convaincu Christine qu'avec l'entraînement, elle deviendrait bonne, populaire et ferait beaucoup d'argent. Et Christine avait adhéré à tout cela. Pire, elle l'avait cru « dur comme fer ». Elle voyait cela comme une expérience de développement personnel et d'évolution très intéressante. Marc lui avait expliqué qu'il lui donnerait des défis à relever et qu'elle devrait foncer pour se réaliser et devenir meilleure. Et qui ne veut pas devenir meilleur? Qui ne veut pas être populaire? Qui ne veut pas beaucoup d'argent? Qui ne veut pas s'épanouir sexuellement?

Marc passait son temps à étudier les gens et leurs réactions pour développer une emprise sur eux et trouver des moyens de les convaincre d'adhérer à son style de vie. Et Carole, son acolyte, se montrait très ouverte, dynamique et pleine d'énergie et ne cessait de parler de ses succès. Marc quant à lui la vantait continuellement. Il disait à tout le monde qu'elle était une championne. Il s'en servait comme modèle.

LA VIE COMMUNE LE DEVELOPPEMENT DE LA DEPENDANCE

Quand Marc était seul avec Christine dans leur logement de Montréal, il en profitait pour se faire faire le sexe oral ou avait une relation complète avec Christine. Pendant ces relations, il ne cessait de l'exciter en la faisant fantasmer sur Carole.

Les premières semaines, Christine s'ennuya de François et espérait qu'il n'avait pas trop de peine. Elle s'était entendue avec Marc pour revoir François car elle espérait encore que François viendrait vivre avec eux. Marc lui avait dit, même si en réalité il ne voulait absolument pas de François, que cela dépendrait de son attitude envers elle lorsqu'elle le reverrait.

Christine ne revit François qu'une seule fois. François l'avait accueillie avec agressivité. Il lui en voulait et était jaloux. Il n'arrêtait pas de lui dire qu'il ne comprenait pas ce qui était arrivé ni pourquoi elle l'avait laissé. Christine lui répondait toujours la même chose : qu'il avait 31 ans et était encore sur les bancs d'université. Il avait peu travaillé dans sa vie et ne semblait pas avoir d'ambition. Ils n'avaient aucun projet ensemble ni d'acquisition de maison en vue. Ils n'avançaient pas. Durant les sept ans qu'ils avaient passés ensemble, ils avaient vécu comme des étudiants, avec des moyens d'étudiants.

François n'avait jamais osé poser la question à Christine, à savoir si elle couchait avec Marc, mais Christine pensait qu'il devait s'en douter ou bien il préférait ne pas y penser. Et s'il s'en doutait, il préférait jouer à l'autruche. En tout cas, elle ne lui en avait jamais parlé, ni à personne d'ailleurs.

Lors de cette rencontre, François et Christine se laissèrent en mauvais terme. Par la suite, Christine décida de couper les ponts. Elle lui laissa même tous les meubles de l'appartement pour acheter la paix, car elle ne voulait plus le revoir.

D'ailleurs, Marc avait demandé à Christine de se défaire de ses photos et souvenirs car elle devait complètement délaisser son ancienne vie. Christine obtempéra. Et, dorénavant, lui et Carole la nourrissaient et la logeaient en échange de son travail comme pigiste pour l'entreprise de Carole. Carole la plaçait dans des compagnies pour des mandats temporaires en secrétariat. Et Christine n'eut que très peu d'argent de poche pour ses dépenses personnelles.

Au fil des semaines, Marc organisait des relations sexuelles à trois, mais Christine sentait que Carole était réticente. Elle constata que Carole ne la désirait pas. Marc avait expliqué à Christine que le fait d'avoir de l'intimité sexuelle et amoureuse avec eux lui permettrait de développer un sentiment d'appartenance et une forte complicité qui favoriserait l'harmonie entre les trois et plus de réussite et de prospérité. Il demandait très souvent à Christine de séduire Carole, de tenter de l'embrasser à différents moments. Et lorsqu'il en avait l'occasion, seul avec Christine, il lui montrait son désir pour elle et Carole en lui faisant l'amour.

Puis, à peine deux semaines après son arrivée, Christine fut témoin d'une querelle assez forte entre Carole et Marc. Ils étaient dans leur chambre. Elle entendait Carole crier mais n'entendait pas ce qu'elle disait. Carole sortit de la chambre, prit son sac à mains et frappa Marc. Marc l'empoigna et tenta de la retenir. Puis Carole sortit et ne revint que le lendemain. À la suite de cet événement, Christine, troublée, s'était rendue au parc tout près et s'assit sur un banc en repassant cet événement dans sa tête. Elle était bouleversée et avait eu peur car elle n'avait jamais vécu de querelles de couple violentes de ce genre et n'en avait jamais été témoin car ses parents s'aimaient beaucoup. Et Christine était une personne très pacifique qui recherchait l'harmonie.

Marc vint la rejoindre pour discuter avec elle. Christine se doutait bien que la querelle était à son sujet. Dans le fond, elle prit conscience que Carole ne souhaitait pas vraiment vivre avec elle. Carole rejetait Christine. Elle n'était pas prête à partager ce qu'elle avait avec elle.

Christine en parla avec Marc et ce dernier lui expliqua que Carole avait encore des choses à comprendre et à dépasser. Il lui disait qu'il comptait sur elle pour que Carole l'accepte et qu'elle tombe en amour avec elle. Il souhaitait, disait-il, qu'elles s'amusent ensemble comme des petites filles. Christine avait accepté d'aider Marc à développer « l'esprit de famille » et sa relation avec Carole.

Évidemment, Marc avait profité de cette nuit-là pour amener Christine dans son lit. Christine était ouverte d'esprit et vivait peu de jalousie. Elle idolâtrait Marc, le mettait sur un piédestal et l'admirait sans borne. Au final, elle était amoureuse de Marc et éprouvait du désir pour Carole.

Marc avait réussi en très peu de temps à convertir Christine à ses propres rêves.

SEXE, VIOLENCE ET ARGENT

Christine continua à remplir des mandats chez des clients de Carole pendant l'année qui suivit. Christine ne gérait aucun argent. Tout était entre les mains de Carole et Marc. Ils achetaient de beaux vêtements à Christine pour impressionner les gens qu'elle rencontrait. Christine avait appris en vivant avec eux que Carole, lors de ses mandats chez des clients, séduisait des hommes pour leur emprunter de l'argent qu'elle ne leur remettait jamais. À la demande de Marc, Christine avait essayé de faire la même chose, mais sans grand résultat.

L'argent et le sexe étaient des sujets qui suscitaient des chicanes violentes entre Marc et Carole.

Christine avait fini par s'habituer aux rébellions de Carole. Elle quittait la maison environ une fois par semaine pour dormir dans un motel ou à l'hôtel et revenir le lendemain. Marc la cherchait partout. Il demandait à Christine d'appeler dans les hôtels avoisinants pour la trouver et aller la chercher. Il prenait un air repentant pour qu'elle revienne à la maison. Elle finissait par revenir en le faisant marcher et en lui mettant des conditions en rapport avec l'argent et le sexe. Les choses s'envenimaient. À certains moments, ils n'avaient plus d'argent et à d'autres moments, ils se payaient la traite et Christine en profitait aussi. Mais c'étaient eux qui la gâtaient. Elle ne s'achetait plus rien par elle-même.

  Carole avait organisé quelques rencontres entre Marc et certaines de ses collègues qu'elle avait rencontrées dans ses mandats pour qu'elles fassent l'entraînement avec Marc. Mais ça n'avait pas marché. Aussi, il y avait beaucoup de compétition et de jalousie entre Marc et Carole. Elle voulait constamment avoir le pouvoir sur l'argent et sur les gens qu'elle lui référait. Christine cernait Carole de plus en plus. C'était une fille envieuse, possessive, jalouse et violente. Elle avait aussi beaucoup d'entregent et savait comment inciter les gens à lui faire confiance. À cette époque, elle était jolie et les hommes ne pouvaient lui dire non. Mais, Christine savait que Carole ne trompait pas Marc.

  Christine était de plus en plus témoin de leur

fracas. Marc lui faisait ses demandes et Carole refusait et devenait violente. La plupart du temps, c'est elle qui le frappait en premier et lui ripostait. Ils étaient maintenant naturels. Christine entendait Marc traiter Carole de « maudite vache » régulièrement et Carole traiter Marc de « chien sale ».

LE SECRET ET LA LOYAUTÉ

Christine, en rejoignant Marc et Carole, s'était engagée à garder secret son adresse et tout ce qui s'y passait. Elle avait appris à sa famille qu'elle laissait François par choix, parce qu'ils ne voulaient plus la même chose et que leurs chemins s'étaient séparés. Elle leur avait aussi dit qu'elle allait rester avec des amis, mais c'était tout. Quant à Micheline son amie d'enfance, à la demande de Marc, elle lui avait emprunté 1 000 $ plus intérêts. Puis elle ne la revit plus. Comme Christine n'avait pas d'argent, elle se sentait très mal de ne pouvoir rembourser les dettes qu'elle avait encourues pour Marc et celui-ci ne remboursa jamais quelque somme que ce soit, à qui que ce soit.

Marc avait expliqué qu'il s'attendait à ce que les

membres du groupe soient loyaux. C'était une qualité fondamentale exigée. Il s'attendait à ce que Christine s'engage à vie avec lui et Carole. Cet aspect avait plu à Christine. Personne ne lui avait démontré un tel désir dans sa vie, jusqu'à présent. Cela la sécurisait d'une certaine façon. Elle se sentait acceptée et cela lui donnait confiance.

Christine se sentait impliquée dans une mission, un idéal de vie où la prospérité, l'amour et le plaisir règneraient. Elle était très motivée à développer cela avec Marc. En fait, c'était le rêve de Marc.

Peu à peu, son sentiment d'appartenance se développa jusqu'au point de les protéger et de les défendre, sans limites.

L'APPRENTISSAGE

Il se passa des mois et Christine commença à trouver le temps long à remplir des mandats de pigiste. Marc lui avait promis à son arrivée qu'elle arrêterait bientôt de travailler pour s'investir uniquement dans l'entreprise de Carole qu'il souhaitait développer. Elle aurait l'opportunité de se faire entraîner dans l'action et d'apprendre à vendre, comme Carole.

La vente avait toujours rebiffé Christine. Depuis sa jeunesse, elle avait une mauvaise opinion des vendeurs, héritage de sa mère. Malgré tout, en montrant le succès de Carole dans la vente, Marc avait réussi à la convaincre d'apprendre à vendre pour qu'elle ait ensuite sa propre compagnie.

Christine avait gardé contact avec un ami qu'elle avait rencontré dans l'un de ses cours du soir à l'Université. Son nom était Patrick. Elle avait parlé de lui à Marc pour qu'il l'entraîne. Marc était d'accord pour le rencontrer. Christine rencontra donc Patrick et lui parla de son expérience. Patrick était très intéressé. Il était plus jeune que Christine d'environ cinq ans et était secrètement amoureux d'elle.

Puis l'entraînement débuta avec Patrick. Marc lui demanda 13 000 $ pour son entraînement, payables par étapes. Patrick aimait l'entraînement et trouva l'argent. Christine et Carole participaient à l'occasion à son entraînement.

Vint le moment où Marc et Carole expliquèrent le nouveau rôle que jouerait Christine dans l'entreprise de Carole. Ils devaient tout organiser, trouver un local au centre-ville, faire la publicité, etc. Marc et Carole travaillaient beaucoup sur l'organisation et la planification. Carole n'expliquait que peu de choses directement à Christine car Marc ne lui faisait pas confiance. C'était lui qui donnait les explications et qui s'assurait de la bonne compréhension.

OUBLI DE SOI ET DE LA FAMILLE

Christine était tellement occupée qu'elle ne pensait plus à elle ni à sa famille. Elle était complètement dédiée à Marc et Carole. Ses objectifs, ses rêves et ses désirs étaient ceux de Marc puisque c'était lui le chef. Et d'ailleurs, Marc, à cause de ses chicanes avec Carole, avait réussi à diminuer l'estime qu'avait Christine à l'égard de Carole. Il dégradait si souvent Carole devant Christine que cette dernière avait fini par lui faire de moins en moins confiance.

Christine avait beaucoup changé : son apparence, sa façon de s'habiller et elle était plus déterminée. Se sentir désirée par Marc lui avait donné de la confiance. Il s'occupait d'elle et voulait son bien. En tout cas, elle le croyait vraiment sincère.

Christine voyait rarement sa famille, seulement

une ou deux fois par année. Elle voyait un peu plus souvent sa mère et l'appelait de temps en temps pour ne pas qu'elle se fasse du mauvais sang.

Il arrivait que Marc se fâche contre Christine mais sans violence. Christine était plutôt douce et docile. Elle l'avait aussi toujours été avec ses parents.

Elle avait maintenant une nouvelle famille. C'était tout comme. Elle espérait beaucoup que d'autres personnes se joindraient au groupe.

Déjà, Christine avait adopté la vie et les passe-temps de Carole et Marc. Ils la dominaient complètement. Et Christine avait hâte de passer à l'action, de s'impliquer davantage.

VIE À QUATRE

Patrick finit par rejoindre Christine, Carole et Marc. Il emménagea, content d'habiter avec Christine. Mais elle ne le désirait aucunement. Elle le considérait comme un ami seulement. Ils se créèrent une vie à quatre. Patrick continua son travail pendant presqu'un an. Il rapportait son argent à Carole qui gérait tout, sous la supervision de Marc. Patrick s'impliqua aussi dans l'entreprise de Carole.

Un local fut loué et des rénovations furent effectuées par les quatre : sablage, peinture, etc. Et Christine se mit à chialer parce qu'elle était fatiguée car elle ne travaillait pas souvent physiquement. Ce fut alors la première fois que Marc usa de violence envers elle. Il l'empoigna et la lança contre le mur en lui demandant de se taire. Christine se retrouva par terre, de tout son long, en larmes. Patrick observa la scène, mal à l'aise mais il n'intervint pas.

Les conflits entre Carole et Marc s'amplifiaient pour tout et rien. Ils s'envoyaient promener régulièrement. Christine n'en discuta pas vraiment avec Patrick et ce dernier ne s'en mêlait jamais.

Côté sexe, c'était habituel. Marc devait se battre avec Carole pour qu'elle accepte d'avoir des relations avec Christine. Quant à Patrick, il n'était pas impliqué. Marc lui avait fait caresser les seins de Christine une fois et Christine était très mal à l'aise. Elle avait ensuite dit à Marc qu'elle ne voulait rien savoir de coucher avec Patrick. Patrick ne l'attirait pas du tout.

Un soir, Marc avait demandé à Christine d'aller le rejoindre lui et Carole dans leur chambre pour faire l'amour. Christine frappa à la porte et Carole l'accueillit en la poussant très fort dans le corridor. Christine se fendit la tête sur le coin du mur. Elle se mit à pleurer et saignait abondamment. Patrick qui avait sa chambre au sous-sol monta et la releva. Puis Marc lui épongea le front avec une serviette. Il réprimanda Carole, discrètement car il ne voulait pas que Patrick sache ce qui s'était passé.

Ils partirent tous les quatre pour l'hôpital. Le médecin fit quelques points de suture à Christine et le lendemain, elle était à son poste de travail, comme d'habitude. Des employés de Carole s'informèrent de ce qui lui était arrivé. Elle leur répondit que ce n'était rien et qu'elle avait glissé et était tombée dans sa salle de bain.

Suite à cet événement, Marc avait blâmé Christine. Il lui avait dit qu'elle était trop molle et que c'était pour cette raison qu'elle était tombée lorsque Carole l'avait frappée. Carole ne s'est jamais excusée auprès de Christine.

ASSERVISSEMENT

Patrick et Christine étaient tous les deux au service de Marc et Carole. Fais ceci, fais cela. Ils étaient complètement soumis à Marc. Patrick n'avait pas de caractère et était très maniable. C'est d'ailleurs pour cette raison que Marc avait accepté de le prendre dans le groupe. Patrick était très compétent en informatique et ses services étaient utiles dans l'entreprise de Carole. Donc, ils en ont profité pleinement.

Marc réprimandait souvent Patrick mais sans violence.

Patrick et Christine étaient comme deux automates. Il n'était pas question qu'ils aillent dîner avec des collègues et Marc et Carole les tenaient à l'écart, mais à leur disposition. Des dîners et des soupers étaient organisés avec des employés, mais Christine et

Patrick étaient rarement invités. Et s'ils l'étaient, ils savaient qu'ils devaient se fermer la gueule et parler le moins possible pour laisser le pouvoir et les belles paroles de Marc et Carole influencer les employés. Marc mettait toujours très en valeur Carole devant les employés, comme il l'avait fait avec Christine, François et Patrick au début de leur entraînement.

Carole disait souvent à Christine et Patrick de « prendre leur trou ». Ce qu'ils faisaient, docilement.

HARCÈLEMENT, VIOLENCE ET POURSUITES

L'entreprise de Carole prit un essor tel que l'argent entrait à pleines portes mais, malheureusement, sortait aussi à pleines portes. Les beaux vêtements, la limousine et le chauffeur tous les jours, les repas gastronomiques étaient choses courantes. Mais, malgré tout, Christine et Patrick rentraient avec la voiture de ce dernier et mangeaient tous les deux seuls le soir pendant que Marc et Carole faisaient la fête, se vantaient devant tout le monde qu'ils étaient bons et cherchaient d'autres opportunités pour faire encore plus d'argent.

La chambre de Christine était en face de celle de Marc et Carole. Couchée, elle les entendait rentrer en s'engueulant, Marc étant enivré et Carole en feu parce qu'elle trouvait que Marc prenait trop de place. C'était vraiment une guerre de pouvoir entre eux. Et souvent, Carole finissait en boule dans son garde-robe pour se protéger des coups de Marc. Puis elle fuyait pour la nuit comme elle le faisait régulièrement. Et le même stratagème se produisait le lendemain. Marc rasait ensuite le sol pour la faire revenir en lui faisant de belles promesses et elle lui mettait ses conditions. Il arrivait même que Carole appelle la police pour violence conjugale. Puis, les policiers sur place, elle leur disait que tout était correct et ces derniers s'en retournaient. Il arrivait aussi que le voisin d'en haut appelle les policiers à cause du bruit et des cris.

C'était devenu infernal. À cause de leur mauvaise gestion et des dépenses faramineuses, l'entreprise se dégradait. Les employés qui avaient investi dans l'entreprise voyaient anguille sous roche. L'un d'entre eux avait amené Christine à dîner au restaurant pour lui parler. Il savait qu'elle et Patrick habitaient avec Carole et Marc et qu'ils étaient sous leur emprise. Il avait essayé de convaincre Christine de les quitter pendant qu'il était encore temps.

Christine en avait parlé à Marc et ce dernier soupçonnait qu'il se tramait quelque chose. Un mauvais article sur Carole, Marc et leur entreprise avait paru dans un journal réputé et leur enlevait toute crédibilité.

Des plaintes furent logées pour fraude et au civil par des employés pour recouvrer des montants investis ainsi que par le gouvernement pour non-remise des déductions à la source des employés.

L'entreprise était par terre. Les policiers saisirent des documents pour faire enquête et quelques employés harcelèrent Carole et Marc jusqu'à leur domicile pour recouvrer leur investissement.

Tout allait mal. Les quatre étaient très stressés.

Christine retourna effectuer des mandats comme pigiste et Patrick retourna à son emploi antérieur. Ils vécurent tous les quatre avec les revenus de Patrick et Christine pendant quelques mois.

ADIEUX DE PATRICK

Christine n'avait jamais vu Marc aussi en furie. Il n'adressait plus la parole à personne à la maison et buvait jusqu'à s'endormir sur le divan.

Patrick fit part à Marc, Carole et Christine qu'il avait commencé à sortir avec une collègue de travail à son emploi. Et voilà que Marc harcela Christine et Carole pour qu'elles séduisent Patrick afin qu'il laisse sa collègue. Il demanda particulièrement à Christine d'avoir des relations sexuelles avec Patrick. Mais elle refusa. Cela dura quelques mois puis Patrick se détacha graduellement du groupe et décida d'aller vivre avec son amie.

Marc n'était vraiment pas content. Cela faisait un revenu de moins pour les faire vivre et il était hors de question que Carole et Marc aillent travailler.

Le déménagement de Patrick se passa bien et Patrick leur fit ses adieux.

RETOUR À LA VIE À TROIS

Christine travaillait toujours comme pigiste le jour et la plupart des soirs de semaine. Elle rentrait à la maison vers 21 heures. Tout de suite après avoir fermé l'entreprise de Carole, celle-ci et Marc travaillaient dans l'ombre sur le développement de l'entreprise de Christine. Il s'agirait de placer des pigistes sur des postes temporaires en travail de bureau. Ils louèrent à l'occasion un petit bureau dans un centre d'affaires de Montréal. Christine s'y rendait pour rencontrer des candidates à placer et faire quelques appels chez des clients potentiels pour conclure des contrats. La compagnie commença à rouler.

Christine était aux anges et très occupée, mais elle remplissait encore plusieurs mandats elle-même. Elle voulait plutôt s'occuper de la croissance de son entreprise. Marc et Carole cherchaient un moyen de faire plus d'argent, plus vite. Ils décidèrent de trouver des associées à Christine, travailleuses indépendantes qui feraient la même chose qu'elle. Christine devait en recruter plusieurs et leur demander d'investir pour avoir leur bureau pignon sur rue et être formée sur le « know how » pour réussir dans leur entreprise.

Les journées de Christine étaient très remplies et plusieurs rencontres avec des candidates potentielles étaient cédulées très serrées, cinq jours sur cinq.

Marc et Carole agissaient à distance au début car ils se faisaient encore harceler à la maison par un de leurs ex-employés qui leur réclamait les 3 000 $ qu'il avait investis dans l'entreprise de Carole. Il leur faisait des menaces et les suivait. Pour Marc et Carole, il n'était pas question qu'ils le remboursent. Donc, ils se cachaient. Puis, un peu plus tard, avec l'argent des ventes que Christine faisait, ils louèrent un espace à bureau sur deux étages. C'était les nouveaux locaux de l'entreprise de Christine. Les associées s'y installèrent et Marc et Carole avaient leur propre bureau dans le fond du local et régentaient toutes les activités et opérations de l'entreprise de Christine. Celle-ci ne gérait absolument rien. Elle ne faisait que de la représentation et rencontrait des candidates à placer en mandat ou comme associées.

RECRUTEMENT D'UNE QUATRIÈME PERSONNE

Marc et Carole avaient embauché une réceptionniste, une recherchiste prénommée Patricia et une personne aux relations publiques. Le concept de l'entreprise était vraiment génial. Marc tentait de recruter Patricia qu'il trouvait jolie et surtout docile et naïve pour l'entraîner. Il s'y prit de la même manière qu'à l'habitude : par la séduction. Patricia était sportive et aventureuse. La candidate idéale pour l'entraînement de Marc. Marc se servait de Christine et de Carole pour l'attirer. Il voulait de l'argent et grossir le groupe.

Puis l'ex-employé qui les avait suivis s'installa devant le bureau à l'extérieur et commença à aborder les associées et employés pour leur parler de Marc et

Carole à l'effet qu'ils étaient des fraudeurs. Ça n'a pas pris beaucoup de temps pour que les associées déguerpissent une à une pour continuer chacune de leur côté leurs activités. Christine s'est retrouvée seule dans son local avec Patricia qui leur était restée fidèle. Patricia cohabitait avec sa cousine en appartement.

Depuis que Patrick était parti, Marc avait bien essayé de convaincre Carole de faire l'amour avec Christine. Cela s'était produit à quelques reprises seulement et avec crises et violence. Carole était vraiment fermée à cela et jalouse. Christine ne comprenait pas. Elle avait toujours pensé qu'elle souhaitait la même chose que Marc, mais elle constatait avec le temps que ce n'était pas du tout le cas. Marc lui avait menti. Carole voulait avoir une vie comme tout le monde. Elle voulait « son chum à elle » et Marc devait se cacher pour avoir des relations avec Christine. Et Christine, pacifique, avait peur de Carole car elle était violente. Christine n'était pas le genre à sortir avec le chum de ses amies, mais Marc l'avait rassurée avant qu'elle emménage avec eux sur le fait que, dans le fond, Carole la désirait mais elle ne voulait pas se l'avouer. Il disait qu'elle avait des compréhensions à faire pour finir par accepter l'amour libre dans la maison. Il rêvait en couleur et Christine s'en rendait bien compte.

Marc demanda à Christine d'inviter Patricia à

souper à la maison pour faire plus ample connaissance et discuter avec elle. Le week-end suivant, tous les trois avaient invité Patricia dans un chalet loué, à la campagne. En soirée, Christine avait rejoint Patricia dans sa chambre et lui offrit de lui faire un massage. Et Patricia accepta. Christine en profita pour la caresser et commença à l'embrasser. Patricia se laissa faire, un peu passive, parce qu'elle n'avait jamais eu de relation sexuelle avec une femme. Elles firent l'amour. Patricia dit à Christine qu'elle avait aimé cela. Le lendemain, l'atmosphère était un peu plus détendue. Christine informa Marc qu'elle avait fait l'amour avec Patricia. Il parut un peu agacé et surpris que Christine prenne les devants sans lui. Il aurait aimé être là, car lui aussi était jaloux. Il cherchait à dominer et contrôler tout, et encore plus ce qui concernait le sexe.

Christine et Patricia s'entendaient bien. Marc, un peu plus tard dans la journée, fit une sortie en voiture avec Patricia pour se rapprocher d'elle, physiquement. Elle se laissa faire également et était excitée par le désir de Marc.

Patricia n'avait pas d'amoureux et était assez solitaire. Donc, une relation se développa entre les trois, à l'écart de Carole. Tout était caché. Marc bâtissait un château à côté de Carole. Malgré tout, Marc montrait toujours Carole comme modèle à devenir. Mais avec tout ce qui était arrivé, Christine n'y croyait plus.

FERMETURE DE L'ENTREPRISE DE CHRISTINE

Avec les menaces de l'ex-employé, Marc et Carole avaient délaissé le bureau eux aussi et opéraient l'entreprise de Christine, à distance, par téléphone. C'est à ce moment que Marc commença à devenir beaucoup plus dur avec Christine. Les finances n'allaient pas bien du tout. C'était maintenant plus difficile de faire les ventes suffisantes pour leurs besoins à cause de tout ce qui était arrivé.

Christine avait une grosse charge sur le dos et plein de dettes. Car bien que Marc et Carole géraient tout, tout était au nom de Christine. Et Christine n'était pas fière d'être en difficulté financière. Le couple dilapidait l'argent durement gagné par Christine. Ils se retrouvèrent à nouveau dans une situation critique qui les obligea une fois de plus à fermer cette entreprise.

Aussitôt, Marc commença à convaincre Patricia d'ouvrir un commerce, pignon sur rue. Il la séduisit de plus belle pour avoir ce qu'il voulait. Il l'entraîna à emprunter de l'argent dans sa famille et auprès de connaissances. Sur une période d'environ un an et demi, elle réussit à emprunter près de 80 000 $ avec intérêts. Elle obtenait ces prêts sur la confiance que sa famille et ses amis avaient en elle.

Tout allait si vite que ni Christine ni Patricia ne remettaient leur vie en question. Elles étaient prises dans leurs activités et tellement fatiguées le soir. Et Marc ne les lâchait pas. Carole, quant à elle, avait l'impression de tirer les ficelles. En tout cas, c'est ce que lui laissait croire Marc.

Finalement, Marc et Carole trouvèrent un local pour ouvrir le commerce de Patricia et ils recommencèrent le même manège que pour l'entreprise de Christine. Ils géraient, organisaient, dirigeaient et contrôlaient tout. Christine et Patricia ne recevaient aucun salaire à cette époque. C'était Carole qui contrôlait les rentrées et sorties d'argent.

Christine se remit à vendre dans ce commerce tandis que Patricia était chargée de trouver des investisseurs pour son entreprise.

SEXE, MANIPULATION ET VIOLENCE

L'entreprise de Patricia était plus ou moins en santé financière parce que Marc et Carole dépensaient l'argent au fur et à mesure qu'elle rentrait.

Marc comptait sur Patricia pour renflouer les coffres en trouvant des investisseurs parmi ses connaissances et sur Christine pour faire des ventes. Aucun argent n'a jamais été remboursé par l'entreprise de Patricia. Marc et Carole ne s'en occupaient carrément pas. Ils attendaient d'être riches pour remettre l'argent et encore, c'est ce qu'ils disaient, mais lorsque l'argent rentrait, il n'était pas question qu'ils remboursent quoi que ce soit. Patricia avait tout ce fardeau sur ses épaules. Elle se faisait questionner par ses investisseurs qui espéraient se faire rembourser rapidement. Elle parvint avec le temps à donner certains montants à son frère, argent qu'elle avait économisé provenant de montants donnés par Marc et Carole, pour ses dépenses et, plus tard, de son salaire.

Lorsque le commerce était tranquille, Marc, dans un local au fond du commerce, s'arrangeait pour que Christine et Patricia se caressent et lui fassent le sexe oral. Aussitôt qu'il en avait la chance, il excitait Christine et Patricia et en profitait ensuite. Lorsque ces dernières n'en avaient pas le goût, il insistait.

Un jour, après que le commerce fut fermé, Marc recommença son manège et insista pour que Christine et Patricia se caressent et fassent l'amour et Christine se rebella et refusa. Elle eut à peine le temps de dire non qu'un coup de poing sur la bouche lui fut donné par Marc. Surprise, elle se mit à pleurer et chercha un mouchoir pour essuyer le sang qui coulait de sa lèvre. Il les harcela et les obligea le soir-même à prendre leur douche et à faire l'amour ensemble. Il voulait qu'elles développent une proximité et une complicité qui, disait-il, ne pouvaient s'atteindre qu'avec le sexe et l'amour. Patricia était plutôt passive depuis le début de ces jeux sexuels. Elle exprimait peu sa sexualité et ne semblait pas faire confiance aux hommes.

Christine, quant à elle, était plus docile et acceptait et se pliait aux exigences de Marc, la plupart du temps. Elle était la confidente de Marc. Il lui parlait de ses plans d'avenir et Christine aimait cela car il lui donnait de l'importance. Carole détestait particulièrement Christine à cause de cela. Celle-ci cherchait continuellement à avoir l'attention de Marc et à prouver à toute la galerie qu'elle était la meilleure. Quand elle faisait un bon coup, elle ne cessait de se vanter et surtout à Marc. Elle avait très soif d'être admirée et adulée.

La vie à quatre était difficile à cause de la jalousie lancinante de Carole qui, à toute heure du jour, faisait sentir à Patricia et surtout à Christine qu'elles étaient de trop. En crise, elle avait déjà crié à Christine qu'elle était une invitée seulement dans sa maison et que ce n'était que temporaire. D'ailleurs, Marc et surtout Carole les prenaient pour leurs esclaves. Ils se faisaient servir la plupart du temps. Christine et Patricia nettoyaient la cuisine après les repas et faisaient le ménage. Jamais Carole ne faisait le ménage dans la maison et quand elle trouvait que c'était malpropre, elle s'en plaignait. Carole parvenait à ce qu'elles se sentent coupables et passait son temps à les dégrader devant Marc pour se rehausser. Elle se prenait pour une reine avec ses sujets. Avec le temps, Christine et Patricia étaient devenues très proches, mais Carole avait tout de même réussi à faire de Patricia son alliée.

Lorsque Marc s'en rendit compte, il demanda de nouveau à Patricia de séduire Carole. Mais Patricia n'était pas très axée sur le sexe. Marc mit beaucoup d'efforts pour exciter Patricia afin qu'elle passe à l'action. Mais Carole, ne voulant rien construire avec Patricia, avait plutôt développé une relation mère-fille avec elle qui était un peu plus jeune qu'elle. Il faut dire que Carole se prenait la plupart du temps pour quelqu'un qui savait tout, très intelligente et meilleure que tout le monde. Pour bien s'entendre avec Carole, il aurait fallu que Christine et Patricia la considèrent au plus haut point, l'admirent et l'adulent, alors que Carole n'était vraiment pas admirable. Elle était fausse et fabulait régulièrement. Christine ne la croyait que rarement. Elle ne pouvait pas aimer une telle femme, si méchante et de mauvaise volonté.

Finalement, Carole a mangé des volées entre autres raisons parce qu'elle ne voulait absolument pas coucher avec Christine ni avec Patricia. Elle disait qu'elle ne s'abaisserait jamais à « sucer et donner du bonbon » à une femme et ne tolérait absolument pas que Marc ait des rapports sexuels avec Patricia et Christine. Tout se passait en cachette. Mais il arriva que Carole s'en aperçut.

Christine dans tout cela espérait que Carole s'ouvre davantage et accepte que chacun soit libre et sur le même niveau, car ce n'était pas du tout le cas, contrairement à ce que Marc lui avait promis. Carole aimait plus son chien que Christine ou Patricia. À l'inverse, elle était super gentille avec les gens de l'extérieur et ceux-ci semblaient l'apprécier.

AMOUREUSE

À son travail, dans l'entreprise de Patricia, Christine reçut un jour un client et le trouva fort sympathique. Il revint régulièrement et se mit à la séduire. Christine entra dans son jeu. À chaque fois qu'il venait pour des services, ils échangeaient tous deux. Christine travaillait dans le commerce et était également représentante sur la route. Donc elle allait souvent visiter des clients à l'extérieur.

Un jour où Christine était partie rencontrer un client, Richard, son client amoureux, demanda à Patricia où était Christine et demanda de ses nouvelles. Patricia se rendit compte de l'intérêt de Richard pour Christine et en parla à Christine. Cette dernière entretenait secrètement elle aussi des sentiments pour Richard. Patricia commença à agacer

Christine. Cela devint leur secret à toutes les deux.

Puis un jour, Richard invita Christine à dîner au restaurant en face du commerce. Elle accepta et se retrouva seule avec lui. Elle se sentit obligée d'en parler à Marc. Ce dernier voyait cela comme une opportunité pour elle d'emprunter de l'argent à Richard. Il la briefa dans ce but. Un comportement qu'il avait toujours exigé était de montrer qu'ils étaient riches même s'ils n'avaient pas un sou et de montrer que l'entreprise était en croissance et marchait bien.

Donc, Christine se présenta à ce dîner comme une femme d'affaires tandis que Richard lui vendait sa salade à lui. Il disait qu'elle lui plaisait, lui posait des questions sur ses goûts, sa vie et, évidemment, Christine esquivait le plus possible ses questions car elle n'avait pas vraiment de vie personnelle et n'avait pas beaucoup à raconter. Elle présenta l'entreprise et sa croissance pour lui en mettre plein la vue. Richard, quant à lui, cherchait à se vendre. Il avait une galerie d'art et souhaitait s'associer à Christine. Il allait souvent en France pour choisir des tableaux. Il était évident qu'il voulait sortir avec Christine. Christine était très attirée et mal à l'aise en même temps parce qu'elle ne se sentait pas libre d'accepter même si c'était alléchant.

Finalement, à la fin du repas, ils se levèrent et Christine, en femme d'affaires, lui tendit la main. Il la prit et attira Christine pour l'embrasser sur les joues. Christine, mal à l'aise, sortit du restaurant avec Richard et ils se laissèrent ainsi.

À son retour, Marc demanda un rapport à Christine. Bien sûr, elle ne parla pas de leur attirance mutuelle.

Le jour suivant, Richard se pointa au comptoir avec un cadeau pour Christine. C'était un chandail imprimé. Flattée, Christine se dépêcha de le remettre dans son sac. Marc finit par se rendre compte que Christine était attirée par Richard. Il demanda à Christine d'appeler Richard sur-le-champ pour lui dire de ne plus venir au commerce, que ce n'était pas un bar de rencontres et qu'elle n'était pas intéressée. Richard le prit très mal et demanda à Christine qui était l'homme dans le local du fond.

Le lendemain, Christine était sur la route et Richard se présenta au commerce avec un de ses amis et discuta avec Marc. Marc lui dit de s'en aller et Richard lui répondit qu'il ne se laisserait pas faire.

Au bout du compte, Christine ne revit plus Richard. Cette histoire avait duré environ un mois et demi et c'était maintenant fini. Christine était déçue. Elle remit en question sa vie, appela sa mère en pleurant en lui disant que la vie était difficile avec ses amis. À la fin de la conversation, elle se sentit mieux et s'entendit lui dire qu'elle ne les quitterait pas. Sa mère lui demanda si elle les considérait comme sa famille. Christine lui avait répondu que oui. C'était la première fois qu'elle se confiait un peu à sa mère et la dernière.

FERMETURE DE L'ENTREPRISE DE PATRICIA ET DÉMÉNAGEMENT EN ESTRIE

Les affaires allaient de plus en plus mal dans l'entreprise de Patricia. Elle avait plein de dettes. La compagnie était toujours gérée par Carole et Marc, de la façon habituelle. Le logement où ils habitaient était impayé depuis plusieurs mois. Marc et Carole décidèrent de fermer l'entreprise de Patricia et de quitter leur logement pour s'en aller en Estrie. Carole organisa le déménagement et tout se fit rapidement.

En Estrie, ils trouvèrent un chalet où loger pour se dépanner. Ils y habitèrent deux ou trois mois et se louèrent ensuite une belle maison sur le bord d'une rivière, avec un grand terrain, incognitos.

C'était à nouveau au tour de Carole de s'ouvrir une compagnie. Elle offrirait des services de marketing, publicité et vente. Patricia et Christine firent du porte à porte pour laisser des pamphlets publicitaires. Elles sollicitèrent des entreprises par téléphone pour fixer des rendez-vous pour Carole et l'entreprise démarra ainsi. L'argent recommença à rentrer.

La vie fut plus douce à cet endroit. Mais Marc voulait toujours recruter d'autres personnes et essayait toujours d'instaurer une liberté sexuelle, mais Carole ne voulait toujours rien savoir. Donc, il continua la construction de son château à côté d'elle.

Tout pour Carole était propice à « piquer » des crises, manque d'argent ou non. Et Marc n'avait jamais assez d'argent. Il voulait construire un empire prospère. Carole quittait la maison, en crise, une fois par semaine pour passer une nuit à l'hôtel et revenir le lendemain devant un Marc repentant. C'était leur jeu. Et ça s'amplifiait de plus en plus. Ils avaient aussi le stress de la poursuite criminelle contre eux qui avait pris naissance dans l'entreprise de Carole, il y avait de cela quelques années. L'enquête préliminaire s'en venait et ils avaient besoin d'argent pour se payer un bon avocat. C'était beaucoup de pression sur les épaules de Christine et Patricia qui étaient les gagne-pain de Marc et Carole. Marc avait les idées, Carole les organisait et Christine et Patricia les exécutaient. Ils n'eurent pas d'employés pendant les deux années qui suivirent. Et on peut dire sans se tromper que 80% du temps, Marc et Carole s'engueulaient et se battaient. Ils étaient constamment en compétition l'un contre l'autre. Carole était avide de pouvoir et voulait garder une bonne partie de l'argent pour elle et c'était elle qui la gérait... Elle faisait marcher Marc. Et c'était un cercle vicieux.

CONDAMNATION POUR FRAUDE ET EMPRISONNEMENT DE MARC ET CAROLE

Puis vint le jour de leur procès pour fraude. Il y avait plusieurs chefs d'accusation contre eux dont le défaut de faire les remises des déductions à la source sur les salaires des employés. Ils encaissaient l'argent et ne payaient que très peu de dettes et les déductions à la source n'avaient pas été remises au gouvernement.

Ils avaient quitté le matin pour le procès en disant que tout se passerait bien pour eux, en tout cas, c'est ce que leur avocat leur avait promis mais, finalement, Carole revint environ neuf mois plus tard et Marc près d'un an plus tard. Ils furent tous deux emprisonnés le jour même du procès.

Christine et Patricia ne s'y attendaient pas.

Elles reçurent un téléphone de Carole qui leur mentionna où elle avait caché l'argent dans la maison pour subvenir à leurs besoins. Elle leur demanda aussi de préparer ses effets ainsi que ceux de Marc pour leur remettre en prison. Ce fut le début d'une période extrêmement difficile pour Christine et Patricia.

SURVIE ET RÉACTIONS DE LA FAMILLE

Carole et Marc appelaient tous les jours et donnaient leurs instructions à Christine. Elle devait leur rendre compte de tout ce qui se passait avec les clients, des ventes qu'elle faisait et de leurs résultats. Elle subissait les cris et reproches de Marc, à peu près tous les jours. Ce fut une période de survie. Elle et Patricia travaillaient de la maison et sortaient très peu. Elles avaient juste ce qu'il leur fallait pour vivre. Marc avait demandé à Christine de prendre deux téléphones et de les mettre côte-à-côte pour que lui et Carole puissent se parler tous les soirs. Il arrivait à Christine d'écouter ce qu'ils se disaient et ce n'était pas rose. Ils parlaient tous les deux contre Christine et Patricia, disant d'elles qu'elles étaient des imbéciles, paresseuses et pas bonnes. Carole n'arrêtait pas de lui dire qu'à sa sortie de prison, elle prendrait les choses en mains et qu'elle ferait rentrer plein d'argent. C'était bien elle et sa tête enflée.

Malgré ces poignards plantés dans le dos de Christine et Patricia, Christine continua à maintenir le bateau à flot pendant tous ces mois. Malheureusement, Patricia vivait cela très mal. Elle traînait et refusait carrément d'aider Christine. Christine lui en voulut longtemps de ne pas l'avoir supportée. Mais Christine comprit que Marc et Carole n'adressaient plus la parole à Patricia. Et, celle-ci, rancunière et boudeuse se vengea sur Christine.

Christine se couchait le soir en demandant de l'aide. Elle était constamment inquiète de ce qui arriverait. Mais, encore pire, elle avait une peur bleue d'échouer et de ne pas rentrer assez de revenus. Elle était épuisée et Patricia, déprimée.

Malheureusement, la décision du juge avait été publiée dans le journal et la famille de Christine était maintenant au courant de toute cette histoire. Elle reçut quelques téléphones et appela sa mère avant qu'elle ne l'apprenne de quelqu'un d'autre. Ils respectaient sa décision de rester avec eux sauf une de ses sœurs qui lui fit la morale, avec raison. Elle avait peur pour elle. Christine rassura sa famille à l'effet qu'elle ne pouvait pas être poursuivie parce qu'elle n'était pas propriétaire de l'entreprise ni associée de Carole et de

Marc et qu'elle n'était aucunement impliquée dans la prise de décisions, la gestion et l'administration de l'entreprise de Carole.

LIBÉRATION ET PROMESSES

Carole sortit de prison la première. Elle avait changé. Sans Marc sur place, elle était un peu plus humaine. Elle reprit tranquillement les guides. Tous les soirs, elle parlait à Marc au téléphone et lui promettait qu'elle ferait rentrer beaucoup d'argent, et que Christine et Patricia étaient « des pas bonnes ». Christine et Patricia l'aidaient malgré tout. Carole exprimait régulièrement à Christine et Patricia qu'au retour de Marc, les choses changeraient, pour le mieux, ça elles ne le savaient pas.

Dans cette aventure, chacun voulait être meilleur que l'autre. La compétition était féroce. La haine de Carole et Marc aussi.

Curieusement, une sorte de fidélité et de loyauté étaient très fortement implantées en

Christine. Et en Patricia aussi.

Pendant qu'il était en prison, Marc avait écrit une lettre à Christine dans laquelle il exprimait du remords de ne l'avoir pas assez ouvertement aimée et respectée. Il lui promit que cela changerait à sa sortie. Elle conserva cette lettre pendant plusieurs années.

Puis, enfin, Marc finit par sortir de prison. Il remercia Christine d'avoir maintenu le bateau à flot. Il avait l'air sincère, mais avec lui, on ne savait jamais.

Il était bien conscient que si Christine et Patricia les avaient quittés après la décision du juge, lui et Carole seraient dans la rue : pas de maison, pas d'entreprise, pas de revenus et avec une réputation entachée, à cacher pendant quelques années.

Marc fut très déçu des résultats de Carole. Carole avait changé. Elle s'était beaucoup affaiblie en prison. Elle avait moins confiance en elle. Toutes ses promesses n'étaient que de l'air. Marc reprit les guides.

Les deux avaient beaucoup maigri. Ils devaient se refaire une santé. Il y eut une période de repos et de remise en question. Marc continuait à cacher des choses à Carole par peur de ses réactions. Il cessa graduellement d'avoir des relations sexuelles avec Christine pour concentrer ses efforts de séduction sur Patricia qui en avait grand besoin. Mais rien n'était gratuit avec lui : il lui redemanda de séduire Carole. Et le cycle reprit de nouveau.

DÉMÉNAGEMENT, ENRACINEMENT ET STABILITÉ

Marc qui était vraiment le chef, parlait moins avec Christine et Patricia après sa sortie de prison. Par contre, il discutait beaucoup avec Carole et elles finirent par comprendre que Carole avait mis ses conditions à Marc s'il voulait qu'elle reste avec lui. Elle voulait l'exclusivité et voulait se sentir libre d'exprimer son amour pour lui devant tout le monde. Elle voulait la moitié des parts de l'entreprise, point sur lequel Marc n'était pas d'accord. Il avait d'ailleurs parlé à Christine et Patricia de parts qu'elles pourraient avoir dans l'entreprise de Carole parce, disait-il, il voulait qu'elles prospèrent aussi. Christine n'a jamais su si Carole était même au courant de cela, mais elle en doutait fortement.

Plus que jamais, Marc désirait prospérer et se payer des belles choses. Il disait qu'il avait assez souffert. Et il mettait très souvent la faute de cette souffrance sur Carole, Christine et Patricia.

Marc portait moins attention à Christine depuis sa sortie de prison et elle en fut déçue. Elle avait plus d'attentes, suite à sa lettre mais elle ne lui en parla jamais.

Lui et Carole décidèrent de déménager dans une autre ville pas très loin. Il en parla à Christine et Patricia. Carole dénicha une très belle et grande maison qu'elle loua. Et ce fut le déménagement.

Quelques plus belles années passèrent, plus stables. L'entreprise se développa. Ils ouvrirent un local et embauchèrent des employés mais, à ce moment-là, Christine et Patricia n'avaient toujours pas de salaire. Seulement un petit montant hebdomadaire pour leurs dépenses personnelles. Marc et Carole gardaient ainsi le contrôle sur elles.

Ils s'enracinèrent dans une vie faite d'habitudes.

DÉVELOPPEMENT DE L'ENTREPRISE – TRAVAIL À CORPS PERDU

L'entreprise de Carole prenait de l'ampleur. À un certain moment, il y eut une quinzaine d'employés. Christine supervisait une équipe de vente et était aussi représentante externe. Patricia ne vendait pas mais faisait de la sollicitation téléphonique. Quant à Carole, elle se plaignait constamment à Marc qu'elle était fatiguée, qu'elle avait tout sur les épaules, qu'elle ne voulait plus vendre. Elle voulait créer, comme lui. Elle mettait constamment de la pression sur Marc pour qu'il fasse augmenter les ventes de Christine. Carole en voulait au monde entier pour tout ce qui lui était arrivé depuis qu'elle était avec Marc et en particulier à celles qui habitaient avec elle.

Christine portait plusieurs chapeaux : la vente,

la supervision, la formation, le graphisme des publicités. Elle travaillait en étroite collaboration avec Marc. Elle et Patricia ne comptaient pas leurs heures. Elles travaillaient sept jours sur sept, essayant de décrocher au souper et dans la soirée quand Marc ne les harcelait pas avec le sexe. Quand Carole s'absentait, il sautait immédiatement sur l'occasion pour se faire une petite partouze à trois pendant laquelle c'était plutôt lui qui jouissait. Il se préoccupait peu du plaisir de Christine et de Patricia. Et, de plus en plus, Marc concentrait ses sollicitations sexuelles sur Patricia. Christine, peu jalouse, le tolérait mais se sentait quand même délaissée. Elle se réfugia encore plus dans le travail.

HARCÈLEMENT PSYCHOLOGIQUE

Marc en exigeait toujours plus. Il piquait régulièrement des crises et devenait parfois violent, criant des insultes grossières à Carole, ce qui n'était pas nouveau, ainsi qu'à Christine et à Patricia. Il arrivait qu'il s'en prenait à Christine et à Patricia en même temps et celles-ci quittaient la maison en s'enfuyant quelques heures, le temps qu'il se calme. Ensuite il les ignorait en guise de punition.

Christine avait développé une certaine culpabilité au fil des ans. Marc avait très bien su y faire. Au travail, il ne se gênait pas pour engueuler Carole, Christine ou Patricia, devant les employés. Il devenait de plus en plus dur et arrogant. Il semait la peur.

Mais quand l'une des trois faisait un bon coup, il la félicitait aussi devant les employés. Il voulait qu'elle donne l'exemple à ces derniers. Tout était calculé. Il payait des repas copieux à certains employés pour les fidéliser et les impressionner. Quand Carole offrait des fleurs à Christine ou à Patricia, c'était toujours pour avoir un impact sur les employés.

En fait, Marc se servait de Carole, Christine et Patricia pour influencer les employés et obtenir ce qu'il voulait d'eux. Le respect, il ne connaissait pas ça. Il profitait au maximum de Christine et Patricia et les traitait de bonnes à rien devant les employés. Ces derniers les prenaient en pitié et cela les démotivait au plus haut point. Ils finissaient par quitter l'entreprise. Le taux de roulement du personnel était très élevé.

Marc et Carole étaient de très piètres administrateurs et gestionnaires. Ils dépensaient l'argent qu'ils n'avaient pas. Pendant des mois, ils prirent arrangement avec les employés pour des salaires en retard. Plusieurs quittèrent. Christine et Patricia ne recevaient toujours pas de salaire, seulement un peu d'argent pour leurs dépenses. Marc leur faisait miroiter qu'elles auraient une participation aux profits, mais le problème c'était qu'il n'y avait pas de profit. L'entreprise était criblée de dettes.

Christine avait une grande qualité qui était aussi un défaut. Elle était très déterminée et persévérante. Quand elle croyait en quelque chose, elle ne lâchait pas le morceau. Il y avait longtemps qu'elle aurait dû quitter ces salauds. Mais elle s'était tellement investie dans leurs entreprises qu'elle n'osait même pas penser à partir. Cela aurait été pour elle un énorme échec. Elle préférait garder la foi et continuer à persévérer. Et Marc ne cessait de la motiver à le faire, sauf quand il lui criait qu'elle n'était bonne à rien, qu'elle ne faisait rien et qu'elle ne se forçait pas pour réussir.

AMOUREUSE, JALOUSIE ET POSSESSIVITÉ

Christine fut à nouveau amoureuse d'un homme qui était son supérieur, responsable des ventes de l'entreprise de Carole. L'attirance était réciproque. Ce dernier respectait beaucoup Christine. Ils travaillaient en équipe très souvent. Ils ne s'avouèrent rien parce qu'il ne voulait pas perdre son emploi. Mais il l'a perdu de toute façon. Il est retourné dans son pays et Christine n'a plus jamais entendu parler de lui.

Les hommes dont Christine tombait amoureuse durant ces années étaient des hommes qui la respectaient, en tout cas c'est ce qu'ils démontraient. Christine avait souvent demandé à Marc s'il accepterait qu'un homme qu'elle aimerait vienne habiter avec eux. Il était catégorique là-dessus. Il n'en était pas question. Pas avant qu'une certaine stabilité ne soit atteinte, disait-il. La vérité c'était qu'il voulait garder le plein pouvoir sur son harem. Il avait déjà vécu en commune et avait dû quitter justement à cause d'un désaccord avec son gourou.

De plus, il était très jaloux. Même des femmes qui rencontraient Carole, Christine ou Patricia. Il voulait tout contrôler et était très possessif. Il décidait avec qui elles allaient manger, qu'est-ce qu'elles devaient dire, voulait savoir comment ça s'était passé. Il faisait des plans pour tout. Je le répète, tout était calculé. Rien n'était gratuit. Il avait l'air très généreux, mais quand il donnait quelque chose, il en demandait dix fois plus en retour.

La seule chose qu'il ait donné à Christine, c'était des connaissances. C'était un homme assez cultivé, qui aimait la richesse, les bons vins, les bons mets, le luxe, les belles maisons, les belles voitures (qu'il payait comptant), les bateaux. Christine avait aussi beaucoup appris de lui dans le domaine de la représentation. C'était en fait un homme très intelligent mais c'était aussi un grand escroc. Il n'avait pas montré que des trucs honnêtes à Christine.

TENTATIVES DE QUITTER

Christine, lorsqu'elle n'en pouvait plus de se faire rabaisser, prenait la fuite, la plupart du temps avec moins de vingt dollars en poche. C'était arrivé sept à huit fois sur une période de vingt ans qu'elle a passés avec le couple maudit. Et, malheureusement, elle est dans tous les cas revenue, par culpabilité, par loyauté et par amour.

Dans deux cas, en deux semaines, elle s'était trouvé une place où habiter et un emploi. Elle était très débrouillarde. Mais elle annulait tout après que son gourou l'ait rappelée sur son cellulaire ou chez sa sœur chez qui elle se réfugiait, sans que celle-ci ne se doute de quoi que ce soit.

Et dans ces moments là, Christine, je le répète, ne pouvait pas laisser derrière elle toutes ces années pendant lesquelles elle s'était investie, corps et âme à travailler si fort et à croire qu'un jour la richesse vienne de leur côté. Si elle laissait tout cela, ce serait pour elle un échec terrible. De plus, elle ne se sentait pas assez forte pour défaire l'emprise qu'avait Marc sur elle. Malgré tout ce qu'elle subissait, elle lui restait loyale et continuait à l'admirer. Il était vite devenu son Dieu, son père, son amant et de temps en temps, dans des moments pénibles, son frère. Elle n'avait aucun ami à l'extérieur et sa famille n'était absolument pas au courant de tout ce qu'elle vivait.

Quand elle allait voir sa mère, elle la rassurait toujours sur le fait qu'elle était heureuse. Oui, il y avait des moments difficiles et souffrants, mais elle vivait aussi des moments heureux. Par exemple, lorsqu'elle réussissait une grosse vente. Elle était si fière d'elle. Et Marc la félicitait. Elle faisait tout pour lui plaire et ne pas lui déplaire aussi. Elle était constamment sur la corde raide et le craignait aussi. Pas reposant ça.

Et bien sûr, il arrivait à Christine de douter et de vouloir une vie comme tout le monde, libre de faire ce qu'elle voulait, d'avoir assez d'argent et gérer elle-même sa vie. En fait, elle vivait au crochet de Carole et Marc. Elle était devenue complètement dépendante affective, ne décidait plus rien en ce qui la concernait personnellement, n'avait pas de vie privée, ni sentimentale et était sans amis. Et Patricia vivait la même chose, mais elle en était moins consciente. Elle se laissait vivre au gré des jours.

DESTRUCTION DE L'ESTIME DE SOI

Au bout d'une douzaine d'années de ce régime de vie, Christine n'eut plus d'estime d'elle-même à force de se laisser détruire par les insultes de Marc et de Carole et de ne plus avoir d'identité propre. À cette époque, Marc était de plus en plus impatient, agressif et arrogant. Il criait constamment et Christine n'avait plus d'énergie. Elle avait souvent des migraines et prenait des cachets sur une base régulière pour enlever sa douleur. Elle travaillait même malade.

Christine n'avait rien qui lui appartenait après toutes ces années. Et elle s'en rendait bien compte, mais elle était anéantie et sans force pour quitter tout cela.

L'ABÎME : DÉPRESSION, PSYCHOSE, PENSÉES SUICIDAIRES

Au bout de 13 ans, Christine, à bout, ne cessait de pleurer et d'être en colère contre Patricia, Marc et Carole. Elle en voulait à Marc qui la maltraitait. À cette époque, plusieurs employés avaient été mis à la porte et la responsabilité des ventes et de faire vivre les employés, Marc, Patricia et Carole reposait entièrement sur les épaules de Christine. Elle n'avait pas d'aide et elle en avait tant besoin. Carole ne voulait plus vendre. Elle s'était entendue avec Marc pour seulement gérer la compagnie. Elle disait que c'était le tour des « deux autres » de rapporter de l'argent. Et Patricia ne vendait toujours pas. Il faut dire que Patricia était plus fragile que Carole et Christine, et Marc la ménageait beaucoup.

Christine commença à s'isoler dans sa chambre, tôt dans la soirée. Elle pleurait et se disait qu'elle n'en pouvait plus. Le lendemain, elle n'était pas motivée à aller au travail, mais elle se forçait tout de même pour y aller. Il faut dire que c'était le calvaire au bureau. Marc ne la lâchait pas. « T'es pourrie », lui disait-il. Il ne cessait de lui faire des reproches.

Christine avait maintenant de la difficulté à se concentrer et partait souvent dans la lune. Elle dormait moins bien et commença à avoir des hallucinations auditives. Elle ne comprenait pas ce qui se passait. Elle commença à avoir très peur d'elle-même et de ces voix qu'elle entendait et avec qui elle conversait à l'occasion. Ça lui arrivait partout, au travail, en regardant la télé, en mangeant, pendant la nuit, seule dans sa chambre. Elle commença à s'enfermer dans ce monde graduellement, jusqu'à ce qu'un jour où elle était seule dans la maison, elle sentit qu'elle pouvait perdre le contrôle. Personne dans la maison ne se rendait compte de quoi que ce soit et Christine n'en parlait à personne. Elle se sentait comme possédée. Ce soir-là, pendant qu'elle était elle-même, elle décida d'appeler l'ambulance et alla prévenir Marc et Carole qui dormaient dans leur chambre. Elle leur dit qu'elle avait appelé l'ambulance. Ils ne comprenaient rien de ce que Christine leur disait. Abasourdie, Carole tenta de rassurer Christine et celle-ci rappela l'ambulance pour leur dire de laisser tomber et que tout allait bien. Mais les ambulanciers sont venus accompagnés de policiers. Et Marc et Carole avaient une peur bleue des policiers depuis qu'ils avaient fait de la prison. Marc se réfugia dans la salle de bains.

Christine se coucha par terre, ne voulant pas se coucher dans la civière ni être amenée à l'hôpital. Les ambulanciers la prirent et l'installèrent dans la civière puis l'amenèrent dans l'ambulance. En chemin, Christine sentit un commandement en elle qui lui disait d'ouvrir la porte de l'ambulance et de sauter. Elle se leva et, heureusement, deux ambulanciers l'en empêchèrent et la couchèrent de nouveau sur la civière. Ils la surveillèrent attentivement jusqu'à l'hôpital.

À l'urgence, Christine ne cherchait qu'à fuir. Son diagnostic fut vite posé. Elle délirait et était en état de psychose. Ils lui donnèrent un médicament et un infirmier vint la questionner pour voir où elle en était et établir la gravité de son état. Christine cherchait à se lever pour s'en aller. Il lui attacha les poignets. Elle passa une partie de la nuit à l'urgence et fut ensuite amenée dans une chambre de l'aile psychiatrique de l'hôpital. Carole avait suivi l'ambulance pour accompagner Christine à l'urgence. Elle l'avait laissée lorsque Christine fut prise en charge.

Christine se réveilla le lendemain dans sa chambre d'hôpital, plutôt perdue, mais se rappelant de tout, car elle avait été consciente de ce qu'elle avait fait et dit. On lui administra des médicaments et le premier jour, elle rencontra un psychiatre qui monta son dossier en l'interrogeant et en la faisant parler. Il confirma une psychose. Il lui prescrit du Zyprexa, un antipsychotique, en lui disant que les voix cesseraient au cours des deux prochaines semaines. La deuxième fois qu'elle revit le psychiatre, elle s'enfuit à l'extérieur parce qu'elle voulait s'en aller. Elle fut ramenée en civière et rediscuta avec le psychiatre. Finalement, il lui donna son congé. En tout, elle passa trois jours à l'hôpital. Carole vint la chercher pour la ramener à la maison.

Elle prenait 10 mg de Zyprexa par jour. Elle se sentait perdue, étourdie. Elle n'était pas capable de lire. Elle partait dans la lune. Son corps était lourd. Elle dormait beaucoup. Carole et Christine retournèrent à l'urgence de l'hôpital car Christine pensait que le médicament était beaucoup trop fort pour elle. Elle se sentait aspirée par derrière et étourdie. Le médecin de l'urgence baissa la dose à 7,5 mg. Christine se sentait un peu mieux.

Après son hospitalisation, elle était extrêmement mal à l'aise avec ses trois amis. Elle avait honte d'elle-même et de ce qu'elle avait fait. Elle avait aussi très peur qu'ils pensent qu'elle soit folle et cherchait constamment à leur montrer qu'elle était saine d'esprit. Elle ne voulait pas être rejetée. Connaissant Marc et Carole, Christine les avait rassurés sur le fait qu'elle ne parlerait de quoi que ce soit à personne de sa famille car tous les deux craignaient des représailles et cela, Christine le savait. Même dans cet état, elle les protégeait. Incroyable!

Christine passa deux semaines à la maison, surtout à dormir. Elle devait récupérer. Puis vint le temps où elle se retrouva avec elle-même dans un sombre désespoir. Elle avait peur de tout. Juste prendre sa douche lui faisait peur. Seule, elle trouvait les journées longues. Marc lui suggéra de revenir au travail. D'être entourée lui ferait du bien. Il lui dit de ne rien faire au bureau ou peu de chose. Il essaya de s'en occuper, mais sans insister.

Christine cherchait à comprendre ce qui s'était passé. Elle s'entendit dire à Marc qu'elle n'écouterait plus jamais personne et qu'elle ne ferait plus confiance à personne. Elle se rendait compte qu'elle s'était oubliée pendant toutes ces années. Elle en parlait avec Marc et Carole. Carole tentait de l'aider, elle lui donnait de la lecture qui, pensait-elle, pourrait l'aider. Mais c'était même trop pour Christine. Elle n'avait pas envie de lire. Christine se rendait maintenant compte de son état. Elle avait tout donné d'elle-même. Elle se sentait nue, rien à elle, dans le désespoir. Elle pleurait souvent le matin en présence de Marc, complètement découragée. Elle se sentait prise dans un trou noir et ne réussissait pas à voir la lumière. Elle pensa même au suicide tellement cela était invivable et douloureux. Mais elle ne tenta jamais rien. Elle vivait de la rage parce qu'elle s'était laissée faire. Elle s'en voulait à elle-même.

Christine n'accusa jamais directement Marc de ce qui lui était arrivé. Elle comprit que c'était principalement à cause d'elle qu'elle se retrouvait dans cette situation. Elle n'avait qu'à partir avant. Sa confiance en elle était à zéro, pire, elle n'était plus capable d'être seule car elle avait tendance à paniquer. Elle ne sortait que pour aller faire de la raquette le matin ou courir car Marc et Carole lui avaient dit que ça lui ferait du bien de bouger et de faire du sport. Elle les accompagnait au bureau car elle ne voulait pas être seule. Les voix avaient cessé après environ dix jours.

Elle revit son médecin une fois par semaine pendant les premiers mois. Celui-ci essayait de l'encourager. Et Christine lui demanda si c'était mieux pour elle de voir un psychologue. Il lui dit que si c'était ce qu'elle souhaitait, elle pouvait le faire en parallèle. Elle prit donc rendez-vous avec une psychologue et la rencontra une fois par semaine pendant environ deux mois. Après, elle sentit qu'elle n'en avait plus besoin.

La psychologue lui permit de démystifier ce qui lui était arrivé et d'évaporer le traumatisme de la psychose qu'elle avait vécu. Puis Christine s'était confiée à la psy. Elle lui avait parlé de sa vie. La psy lui avait fortement suggéré de remettre en question sa vie et de la changer, graduellement. Elle lui avait dit qu'elle n'avait pas une vie normale et qu'elle pouvait l'aider à aller mieux. Elle avait tenté de lui faire faire des prises de conscience et essayait de l'inciter à agir. Mais Christine n'était pas prête.

Marc se faisait raconter par Christine ce qui se disait avec la psy. Christine ne lui dit pas tout, évidemment. Il cherchait encore à contrôler. Sa psychose fit en sorte que Marc la ménagea pendant quelques années.

SÉPARATION EN DEUX CLANS

Pendant l'absence de Christine, Marc n'avait pas eu le choix que d'entraîner Patricia à vendre. C'était sa seule option. Donc, il commença à s'occuper d'elle de façon régulière et celle-ci commença à vendre de nouveaux services qui étaient, au grand plaisir de Marc, assez en demande.

Christine avait tant demandé d'aide avant sa dépression mais personne n'avait bougé pour l'aider. Et, soudainement, tout s'était mis en place. Mais pour Christine, c'était trop tard. Elle était désespérée. Le médicament l'empêchait d'avoir l'esprit clair, lui enlevait sa concentration et l'étourdissait. Et elle souffrait toujours de paniques. Elle ne se déplaçait qu'avec Patricia. Christine se demandait bien comment elle ferait pour s'en sortir. Elle ne ressentait plus aucun plaisir dans la vie et était constamment inquiète avec une peur bleue d'entendre à nouveau des voix.

    Cet événement avait aussi remis en question beaucoup de choses au sein du groupe. Carole avait réussi à convaincre Marc de scinder le groupe en deux. Avec du recul, Christine conclut qu'ils voulaient éviter des problèmes comme celui qui s'était passé avec elle. Donc, l'argent commençait à rentrer avec les nouveaux services vendus et Christine et Patricia auraient dorénavant leur salaire, comme tout le monde, et pourraient gérer leurs propres affaires. De plus, Marc et Carole avaient décidé de se faire construire une maison et demandaient maintenant à Christine et Patricia d'aller vivre ailleurs.

    Christine crut fermement que tout cela était dû à ce qui s'était passé. Dans sa situation précaire, elle se sentit insécurisée par cette décision. Patricia et Christine se trouvèrent donc un logement à leur goût. Elles s'achetèrent aussi une petite voiture usagée. Et ce fut le début de la libération.

LENTE REMONTEE

Le psychiatre de Christine, au bout d'un an ou deux, baissa la dose du médicament que prenait Christine à 5 mg. Christine se sentait beaucoup mieux. Elle recommença tranquillement à s'impliquer à nouveau dans l'entreprise. Son état se stabilisa et, elle put dire à son psychiatre qu'elle était maintenant à 90% de son état normal. Ses visites s'espacèrent graduellement avec les années qui suivirent. Après environ cinq ans, son médicament fut réduit à la plus petite dose, soit 2,5 mg. Et là, Christine pouvait enfin dire qu'elle avait pratiquement une vie normale.

Se débarrasser de ses états de panique n'avait pas été facile. Elle devait y faire face tous les jours. Tous les jours, elle devait oser et pousser ses limites pour devenir plus autonome. Tout de suite après sa psychose et pendant les cinq années qui suivirent, Christine ne crut plus en rien. Plus en Dieu et de moins en moins en Marc. Ses yeux s'ouvraient enfin.

Ne vivant plus avec lui et Carole, sa vie avec Patricia s'était adoucie. Curieusement, Christine et Patricia, seules, n'eurent aucune relation sexuelle. Elles s'entendaient bien et avaient développé une grande amitié. Après ces quelques années, Christine reprit graduellement goût à la vie. Elle apprit à se faire plaisir. Elle sortait au restaurant, prenait des petites vacances avec Patricia et faisait un peu de sport. Sa vie était plus normale. Elle ne travaillait presque plus la fin de semaine.

Christine commençait à se détacher graduellement de Marc et de son emprise. Et cela ne plaisait pas à Marc. La fin de semaine, il tentait de la joindre sur son cellulaire pour organiser des activités à quatre, mais il se butait à sa boîte vocale et ne pouvait la joindre. Cela le fâchait au plus haut point. Il sentait qu'il perdait le contrôle. Christine n'avait plus le goût de voir ni Marc, ni Carole la fin de semaine. Elle commençait enfin à penser à elle.

FAUSSE PROMOTION

Marc essayait à nouveau d'impliquer Christine dans l'entreprise. Il lui donna une promotion : VP des ventes. Ce fut une promotion bidon ainsi que toutes les promotions qu'elle eut par la suite car il ne lui donnait aucun pouvoir de décision et de direction de l'équipe de vendeurs. C'était Marc qui décidait de tout et qui lui disait quoi dire, comment le dire et quoi faire. Elle avait un salaire à ce moment-là de 100 000 $ par année. Elle pouvait enfin mettre de l'argent de côté, penser à elle, se payer de beaux vêtements. Par ailleurs, Marc, en échange de ce salaire, exigeait de Christine et Patricia qu'elles soient très bien habillées et qu'elles aient une auto neuve de luxe. Ce qu'elles firent. Marc voulait qu'elles montrent aux employés qu'ils pouvaient eux aussi avoir ce train de vie s'ils faisaient ce que Marc et Carole leur demandaient.

    Marc mettait encore énormément de pression sur Christine, mais pas autant sur Patricia.

CONSTRUCTION D'UNE MAISON

Avec l'argent qui rentrait suite aux ventes réalisées, et la barre était haute, Marc et Carole s'était fait bâtir une belle et grande maison de campagne, pas trop loin du travail. Ils avaient acheté un terrain et Marc essaya de convaincre Christine et Patricia d'acheter le terrain d'à côté pour se faire bâtir elles aussi. En fait, il voulait faire un domaine. C'était sa vision. Il leur dit que lui et Carole les aideraient à payer la construction de la maison.

Christine n'était pas très d'accord avec le fait de déménager dans le bois. Elle préférait rester en ville. Marc insista et ils obtinrent finalement une hypothèque de la banque pour la construction d'une belle maison. Débuta alors tout un processus de magasinage, de supervision des travaux. Mais Carole gérait encore tout.

Puis Christine et Patricia emménagèrent dans leur nouvelle maison. Pau de temps après, Christine eut des problèmes de santé et dût subir une opération majeure. Elle fit sa convalescence dans sa maison. Elle trouvait les journées si longues dans le bois. Le bon côté, c'était que Christine avait enfin de la place pour recevoir sa famille. C'était vraiment plaisant. Personne de sa famille ne lui posait de questions. Personne n'était au courant de sa vie. Ils étaient tout simplement contents pour Christine. Celle-ci n'avait pu au cours des années passées avec Marc et Carole recevoir sa famille. Carole ne voulait absolument pas. Mais elle l'avait tout de même reçue en cachette avec l'aide de Patricia pendant que Marc et Carole était partis pour un week-end à l'extérieur.

HARCÈLEMENT PSYCHOLOGIQUE

À certains moments, les ventes stagnaient dans l'entreprise et Christine se faisait harceler à nouveau. Marc arrivait le matin en furie et faisait des réunions pour se défouler sur tout le monde. Il ne cessait de faire venir Christine et Patricia dans son bureau pour les « engueuler et les traiter de vache » parce qu'elles ne réussissaient pas à son goût.

Puis il se mit à être cinglant avec les employés. Il demandait à Christine de congédier un tel ou une telle sous prétexte qu'ils ne le respectaient pas et ne l'écoutaient pas.

Christine commençait à en avoir assez de tout cela. Elle se sentait coincée en sandwich entre les employés et Marc.

Marc décida de baisser les salaires de Christine

et Patricia pour se venger.

Christine était à nouveau épuisée par l'attitude de Marc. Elle disait ce qu'il voulait entendre et faisait ce qu'il lui demandait pour préserver l'harmonie et ménager son énergie. Mais le cœur n'y était plus. Elle commença à faire son deuil de lui et se rendit de plus en plus compte du comportement malsain de Marc et de l'ambiance stressante dans laquelle elle vivait, elle, Patricia et les employés, à longueur de journée.

Et Carole et lui continuaient de se chicaner au su et au vu de tous dans l'entreprise. Les portes claquaient, des cris étaient entendus. Il y avait une grande rotation de personnel, surtout aux ventes.

La fin de semaine, Marc rendait visite à ses deux voisines, soit pour les engueuler, soit pour se faire faire le sexe oral par Patricia.

Christine et Patricia étaient la plupart du temps invitées à souper les dimanches soirs chez leurs voisins. Mais Christine n'était plus intéressée par cette vie. Avec sa maison à côté de la leur, elle se sentait tout de même surveillée et contrôlée. Et maintenant, elle voulait éviter cela comme la peste.

REMISE EN QUESTION, DÉSIR D'UNE VIE NORMALE, RECHERCHE D'AMIS

Christine parlait souvent avec Patricia de leur vie qui n'était pas normale. Elle remettait tout cela en question. Elle avait comme projet avec Patricia de se faire des amis, indépendamment de Marc et Carole et parallèlement. Elles tentaient de se faire des contacts dans les restaurants où elles allaient manger. Car elles sortaient assez souvent.

Mais c'était difficile. Et au bureau, c'était impossible car Marc contrôlait tout. Puis Christine eut l'idée d'aller sur un site de rencontres pour tenter de se trouver des amis. À ce moment-là, elle ne désirait pas vivre avec quelqu'un d'autre. Elle recherchait plutôt des hommes avec qui sortir et avoir des activités. Patricia, quant à elle, effacée comme toujours, l'observait et attendait de voir ce qui se passerait.

PREMIÈRE RELATION CACHÉE

Puis Christine eut un premier contact avec Eric. Après quelques courriels, elle accepta de le rencontrer. Ils devinrent amis et sortirent ensemble à quelques reprises, mais sans plus. En cachette, bien sûr. Elle l'avait invité chez elle à souper et elle s'était rendue compte qu'il posait plus de questions à Patricia qu'à elle-même. Ils étaient tous les deux du même âge et plus jeunes que Christine. En fait, il avait l'œil sur Patricia. Mais Patricia n'était nullement intéressée. Christine et Eric cessèrent de se voir.

Marc s'était aperçu qu'une voiture était chez leurs voisines et il avait posé des questions. Patricia lui avait dit que c'était son frère qui était venu.

Déçue du résultat de sa démarche, Christine abandonna la recherche sur internet pour un moment.

DEUXIÈME RELATION CACHÉE ET LE « COMING OUT »

Un peu plus tard, Christine retourna sur le site de rencontres et y trouva le type d'homme qu'elle recherchait. Elle lui envoya un courriel qui demeura sans réponse pendant une dizaine de jours.

Puis elle finit par recevoir une réponse, très positive. C'était Michel. Il revenait de vacances. C'était la raison pour laquelle il ne lui avait pas répondu tout de suite. Ils échangèrent quelques courriels, se téléphonèrent et décidèrent de se rencontrer au restaurant. Ils eurent une bonne impression l'un de l'autre et se fixèrent une nouvelle rencontre avant de se laisser. Et ainsi débuta la relation que Christine désirait tant.

Michel et Christine firent des sorties ensemble

et tous les deux étaient mutuellement très attirés. Ni Christine ni Patricia n'en parlèrent à Marc. Marc voyait bien qu'il y avait quelqu'un qui avait couché chez Christine et Patricia et il lui demanda qui c'était. Celle-ci lui avait dit que c'était son frère qui était en visite chez elle.

La relation avec Michel se développa vite et bien. Christine et Michel étaient vraiment amoureux l'un de l'autre. Christine décida de l'annoncer à Marc. Elle n'avait plus le choix car elle voulait passer plus de temps avec Michel. Elle le lui apprit au travail, un lieu plus neutre, au cas où il réagirait mal.

Il parut surpris mais essaya de le dissimuler le plus possible. Il tourna le tout au ridicule et ce fut tout. Il ne pensait pas que c'était sérieux. En tous cas, il ne l'espérait pas.

DÉCISION D'EMMÉNAGER AVEC MICHEL

Les mois passèrent et Michel et Christine filaient le parfait amour. Ils se voyaient souvent, la plupart du temps chez Michel. Marc finit par se rendre compte du sérieux de leur relation. Jamais il n'allait chez Christine et Patricia lorsque Michel était là. Cependant, il demanda à quelques reprises à Christine de le rencontrer. Mais c'était hors de question pour Christine. Elle ne voulait absolument pas qu'ils se rencontrent. Elle savait très bien que Carole et lui essaieraient de le manipuler, même si Michel n'était pas le genre à se laisser embobiner. Quelques saisons passèrent et cela faisait un an que Michel et Christine sortaient ensemble lorsque Michel demanda à Christine de l'accompagner en voyage dans les Caraïbes pendant une semaine. C'était en février. Il n'était pas question pour Christine de ne pas y aller. Elle en parla à Marc. Réticent, ce dernier finit par accepter. Évidemment Carole était très jalouse. Depuis qu'elle était avec Marc, il ne lui avait jamais permis de faire un voyage dans le Sud avec lui ou même avec quelqu'un d'autre. Christine, sans le savoir à ce moment-là, avait ouvert la porte des vacances-voyages dans le Sud à Carole ainsi qu'à Patricia. En effet, l'année suivante, Patricia fit un voyage dans le Sud.

Christine revint de voyage en pleine forme et toute bronzée. Elle passa un bel été avec Michel. Même si au départ elle ne souhaitait pas développer une relation au point de vivre avec quelqu'un, Christine se rendit compte qu'elle aimait beaucoup être en la présence de Michel et vice-versa. Michel lui demandait de plus en plus souvent de passer du temps chez lui, même quelques soirs pendant la semaine. Et lorsque Christine se retrouvait seule avec Patricia, Michel lui manquait. Elle l'appelait pour lui parler. Ils s'écrivaient aussi régulièrement des courriels.

Au début de la relation de Christine avec Michel, Patricia était amusée et faisait des farces avec elle. Mais plus le temps passait, plus Patricia se retrouvait seule dans leur grande maison. Son comportement commença alors à changer avec Christine. Elle commença à la bouder. Christine ne comprenait pas cette attitude. Elle était persuadée que Patricia serait contente pour elle d'avoir trouvé un compagnon et d'être heureuse avec lui.

    Puis Michel et Christine avaient le goût de faire des projets ensemble. Michel lui avait alors proposé d'emménager chez lui. Christine était enchantée. C'était aussi son désir même si elle ne lui en avait pas parlé. Elle lui dit qu'elle y penserait et lui rendrait sa décision à l'automne, après le retour de vacances de Michel car il partait dans le Sud pour une semaine. Pendant cette semaine, Christine et Michel s'étaient beaucoup ennuyés l'un de l'autre. À son retour, Christine lui annonça qu'elle viendrait vivre avec lui. Michel en était très heureux.

LA RUÉE DANS LES BRANCARDS ET LA JALOUSIE DE PATRICIA

Christine annonça la grande nouvelle avec délicatesse à Patricia. L'attitude de cette dernière fut surprenante. Elle commença à être désagréable avec Christine lui rendant la vie pénible lorsqu'elles étaient à la maison. Elle faisait semblant de ne pas écouter Christine lorsqu'elle lui parlait et l'envoyait souvent promener.

Christine était très déçue de l'attitude de Patricia. Elle ne comprenait absolument pas que Patricia ne soit pas contente pour elle. Patricia lui rendit la vie difficile jusqu'à son départ. Christine dit à Patricia qu'elle emménageait avec Michel pour un essai de quelques mois afin d'être certaine avant de quitter la maison définitivement.

Quelques mois passèrent et il apparut clair à Christine que son déménagement était définitif. Elle s'entretint avec Marc ainsi qu'avec Patricia pour leur confirmer son départ définitif. Christine avait raconté à Michel les frictions qu'elle vivait avec Patricia. Michel savait aussi que Marc faisait la vie dure à Christine et Patricia. Christine ne lui avait pas tout raconté, mais assez pour que Michel veuille prendre ses intérêts à cœur et la défendre.

Marc commença à culpabiliser Christine sur le fait qu'elle abandonnait Patricia et la laissait seule dans leur grande maison. Christine suggéra de mettre la maison en vente pour percevoir la moitié de la vente ou, comme seconde option, que Patricia rachète sa part. Marc décidait de tout et défendait Patricia. Christine obtint d'eux la décision de vendre la maison. Patricia et Christine rencontrèrent un agent d'immeuble. Mais Christine se rendit vite compte que Patricia ne collaborait aucunement. Christine savait que Patricia n'avait aucunement l'intention de vendre la maison. D'ailleurs, pendant plusieurs mois, aucun acheteur ne s'était pointé. Puis il y eut des désaccords sur le prix de vente de la maison. Christine voulait baisser le prix pour faciliter la vente mais Marc n'était pas d'accord. Les relations devinrent plus difficiles même s'ils ne se voyaient qu'au bureau. Marc ne cessait de demander à Christine qu'est-ce qu'elle ferait de sa part de la vente. Ça l'agaçait énormément.

Puis, après discussion avec Michel, Christine commença à mettre de la pression pour que Patricia, c'est-à-dire Marc et Carole, rachètent sa part. Marc remit une somme de 25 000 $ à Christine en avance et lui dit qu'il lui remettrait d'autres montants. Quelques mois passèrent sans que d'autres montants soient remis.

Pendant tout ce temps, les relations au bureau étaient très tendues. Marc avait recommencé à être cinglant avec Christine. Mais Christine, maintenant en dehors de leur vie, voyait plus clair. Lors d'un dîner au cours duquel Patricia pleurait parce que Marc l'avait engueulée, Christine essaya de la convaincre de les quitter. Elle essayait de la réveiller et lui faire voir que la vie pouvait être autrement. D'ailleurs, Patricia voyait bien à quel point Christine était resplendissante. Mais ce fut inutile.

À cette même période, Christine songeait sérieusement à travailler de la maison, en mode télétravail. Elle offrit ses services à distance sous forme contractuelle à Marc, mais le grand chef refusa.

PÉRIODE INTENSE DE RECRUTEMENT PAR MARC ET PATRICIA

Depuis quelques temps, Marc allait sur des sites de rencontres pour cibler des filles intéressantes et lesbiennes que Patricia pourrait éventuellement rencontrer pour possiblement partager sa maison parce que l'hypothèque à payer était élevée.

Marc et Patricia, sur les heures de bureau, regardaient à l'écran de l'ordinateur de Marc des profils et Marc faisait des sélections. Il envoyait même des courriels langoureux qu'il rédigeait lui-même au nom de Patricia aux filles sélectionnées. Il orchestrait tout pour que Patricia finisse par rencontrer plusieurs candidates. Le but était aussi de recruter quelqu'un d'autre parce que Marc s'était fait à l'idée que Christine ne reviendrait pas. Donc, une bonne partie des journées de travail étaient consacrées à cela. Marc appelait même Christine dans son bureau pour lui montrer les courriels qu'il écrivait. Peut-être voulait-il rendre Christine jalouse? Mais cela n'eut pas d'impact sur elle sinon qu'à cause de tout cela, Christine se retrouvait à prendre les appels entrants de Patricia pendant qu'elle et Marc s'amusaient à séduire des filles par courriel et fixer des rencontres avec certaines. Tout un chef d'entreprise!

Christine trouvait tout cela ridicule et irresponsable. Et Marc trouvait le moyen de mettre constamment de la pression sur Christine pour qu'elle vende.

PRISE DE CONSCIENCE : GROSSE DÉCISION

Un après-midi, au retour du lunch, Christine prit conscience de la situation et constata qu'elle n'était plus intéressée à travailler dans un tel environnement. Patricia, Carole et Marc n'étaient pas de retour de dîner mais Christine décida sur-le-champ de quitter définitivement le bureau. Ce qu'elle fit.

Michel n'était pas au courant. Elle revint chez elle et lui fit part de sa décision. C'en était fini. Elle téléphona au bureau et tomba sur la boîte vocale. Elle laissa comme message qu'elle ne reviendrait plus au bureau, qu'elle quittait définitivement parce qu'elle n'était plus intéressée à travailler avec eux.

Christine sentit un énorme poids s'enlever de ses épaules. Une nouvelle vie commençait pour elle.

TENTATIVES DE FAIRE REVENIR CHRISTINE

    Comme toujours lorsque Christine fuyait, Marc la rappelait pour qu'elle revienne. Mais cette fois-ci, ce fut Carole qui la rappela. Elle laissa un message culpabilisant. Christine l'ignora.
    Les mois passèrent et Carole laissa à nouveau un message à Christine lui disant qu'elle voulait prendre ses services pour remplacer Patricia qui voulait aller dans le Sud en vacances. Christine alla sur le site web de l'entreprise et envoya un message courriel à l'attention de Carole lui disant qu'elle n'était pas intéressée.

REFUS DE VENDRE LA MAISON, RÉCUPÉRATION DE LA VALEUR DE LA MOITIÉ DE LA MAISON AUPRÈS DE PATRICIA, MARC ET CAROLE PAR CHRISTINE

Après plusieurs mois, Christine rejoignit Patricia et lui demanda sa part de la maison, mais rien ne se passa. Michel lui suggéra d'aller voir un avocat pour régler le litige et discuter du recours qu'elle pouvait utiliser pour récupérer son argent, il s'agissait de 200 000 $.

L'avocat lui fit part de ses droits et Christine entama des procédures qu'elle fit signifier par huissier à Patricia. Après plusieurs semaines d'échanges, Patricia qui s'était aussi pris un avocat, donna suite et passa chez le notaire pour le règlement. Évidemment, ce furent Carole et Marc qui réglèrent le montant. Et Christine récupéra son argent. Un autre poids s'enleva de ses épaules. La bataille avait été très ardue. Christine en avait perdu le sommeil.

Christine, à la maison à temps plein, prit son temps pour penser à ce qu'elle voulait faire et quel genre de services elle voulait offrir et à qui. Son « background » était dans la vente. Donc elle proposa des services de développement de clientèle à des entreprises de secteurs d'activités variés.

TENTATIVE DE REPRISE DE CONTACT DE LA PART DE PATRICIA ET RENCONTRES PAR HASARD

Au Jour de l'An suivant, Christine reçut une carte de Noël de la part de Patricia. Elle lui disait qu'elle était ouverte à une rencontre avec elle.

Christine lui retourna une carte de souhaits avec comme réponse qu'elle n'avait pas l'intention de revoir qui que ce soit d'entre les trois et de ne plus la contacter.

Des mois passèrent et Christine, en train de déjeuner dans un restaurant avec Michel, vit Carole et Marc assis à une table voisine. Son cœur bondit. Elle prit quelques profondes respirations et les ignora, continuant de lire son journal.

Elle les revit une autre fois, mais cette fois, elle

fut plus forte. Elle n'avait plus peur.

Dans un St-Hubert, un peu plus tard, elle revit Patricia. Christine ne la regarda pas et Patricia quitta le restaurant sans jeter un coup d'œil. Michel savait qu'elle les avait vus. Leurs regards s'étaient croisés.

CAUCHEMARS, RAGE, COMPRÉHENSIONS, RETOUR VERS SOI, RECONSTRUCTION, MÉDITATION, CONFIDENCES

Christine, maintenant plus calme, put penser davantage à elle. Elle revécut sa vie passée avec Marc, Carole et Patricia. Elle cherchait à comprendre ce qui lui était arrivé. Comment elle en était arrivée là. Comment avait-elle pu s'abandonner à ce point à ces crapules. Elle vivait beaucoup de culpabilité face à elle-même et aux choix qu'elle avait faits au fil des ans. Elle savait très bien que des opportunités pour les quitter s'étaient présentées à quelques reprises et que, malgré tout, elle était restée avec eux pendant plus de 20 ans. Elle vivait aussi beaucoup de rage : rage envers Marc surtout qui lui avait promis la lune et en qui elle avait cru comme on croit au Père Noël quand on est petit. Elle était aussi enragée envers elle-même d'avoir été si naïve et de s'être laissée embobinée.

Après sa psychose, elle s'était bien promis de ne plus croire personne sur parole. D'ailleurs, elle n'avait plus confiance en personne, encore moins en elle-même. Sa dépression l'avait conduit dans un précipice, duquel il avait été très difficile de sortir. Son estime d'elle-même avait été détruite par les réprimandes, les insultes, la haine, la hargne et la dégradation.

Elle fit des cauchemars réguliers pendant quelques années dans lesquels elle était pourchassée par Carole et surtout par Marc. Christine n'eut pas le choix, elle dut se remettre profondément en question. Elle découvrit une personne très blessée et effacée, dont l'estime était à reconstruire pas à pas, étape par étape, avec le temps. Elle souhaitait enfin être transparente et elle-même. Plus comme les autres voulaient qu'elle soit. Elle souhaitait revenir vers elle et se retrouver.

Au début de sa relation avec Michel, ils s'étaient entendus pour vivre une relation amoureuse basée sur le respect de soi-même et de l'autre et sur l'harmonie, car Michel, avant sa relation avec Christine, avait eu son lot de conflits avec son ex-épouse. Lui et Christine avaient des blessures à panser et ils se soutenaient mutuellement.

Christine commença à méditer quelques minutes par jour. Ce qui l'aida graduellement à atteindre un état de paix intérieure. Un processus de guérison était entamé.

Elle travailla fort pour développer son entreprise et réussir. Et elle réussit. Elle suivit certaines formations et fit des lectures qui l'aidèrent peu à peu à reprendre confiance en elle-même en découvrant qui elle était vraiment et ce qu'elle voulait faire de sa vie. Elle était belle à voir, en constante évolution, enfin en ligne avec elle-même. Elle voyait enfin le chemin à prendre pour s'aimer et être sans attente face aux autres. Avec le temps, elle comprit que tout se trouve à l'intérieur : les réponses, les compréhensions, la joie et la paix du cœur, mais surtout le vrai Amour qu'elle réussit à découvrir, celui qui ne trahit jamais et qui est toujours là. L'Amour de son être.

ÉPILOGUE

Christine va très bien. Elle n'a pas fait de rechute et maintient sa dose à 2,5 mg. Elle est maintenant heureuse la plupart du temps. Elle a ressenti l'an dernier le besoin de confier ce qu'elle avait vécu à sa famille qu'elle avait tenue à l'écart de cette vie bizarre qu'elle avait expérimentée. Cela lui fit un bien énorme. Elle se libéra de sa honte d'avoir fait de si mauvais choix dans sa vie et souhaitait maintenant que sa famille la connaisse vraiment, telle qu'elle avait été et telle qu'elle était aujourd'hui. Elle comprit qu'elle avait eu une double vie pour éviter les jugements qui font mal. Et aussi, elle ne voulait pas que sa famille s'inquiète pour elle.

Christine doit encore travailler sur sa valeur, son estime et sa confiance. Son évolution est devenue sa mission. Elle n'a pas vécu tout cela pour rien après tout. C'étaient ses choix.

Elle est sortie de cette expérience avec des habiletés qui l'ont bien servie et avec l'amour des belles et bonnes choses. Elle a aussi développé une capacité à se sentir riche et prospère, même dans la pauvreté. Dans le fond, elle a découvert la richesse intérieure. Elle a pu retrouver la foi en la vie qu'elle avait perdue dans ses moments de grande détresse.

Et c'est la plus grande leçon qu'elle a tirée de son expérience et qu'elle souhaite partager : « Ne passez pas par ce chemin de dépendance extérieure, vous n'y trouverez pas le bonheur et ce n'est pas nécessaire pour l'atteindre ».

Manufactured by Amazon.ca
Bolton, ON